国家社科基金重点项目“社会主义价值与社会主义核心价值体系的内在关联研究”（项目批准号：12AKS005）阶段性研究成果

兰州大学中央高校基本科研业务费专项资金项目“社会主义核心价值体系与文化软实力发展研究”（项目批准号：11LZUJBWZJ002）阶段性研究成果

社会主义核心价值体系通俗系列读本之六

丛书主编 / 王学俭

知荣明耻树新风

——社会主义荣辱观（修订版）

马云志 主编

兰州大学出版社

图书在版编目(CIP)数据

知荣明耻树新风:社会主义荣辱观/马云志主编.—兰州:兰州大学出版社,2012.9
(社会主义核心价值体系通俗系列读本/王学俭主编)
ISBN 978-7-311-03970-7

Ⅰ.①知… Ⅱ.①马… Ⅲ.①思想政治教育—中国—通俗读物 Ⅳ.①D64-49

中国版本图书馆 CIP 数据核字(2012)第 220364 号

责任编辑 张国梁 陈红升
封面设计 管军伟

书 名 知荣明耻树新风
——社会主义荣辱观(修订版)
作 者 马云志 主编
出版发行 兰州大学出版社 (地址:兰州市天水南路 222 号 730000)
电 话 0931-8912613(总编办公室) 0931-8617156(营销中心)
0931-8914298(读者服务部)
网 址 http://www.onbook.com.cn
电子信箱 press@lzu.edu.cn
印 刷 兰州德辉印刷有限责任公司
开 本 710 mm×1020 mm 1/16
印 张 8
字 数 111 千
版 次 2013 年 6 月第 2 版
印 次 2013 年 6 月第 1 次印刷
书 号 ISBN 978-7-311-03970-7
定 价 18.00 元

总 序

建设社会主义核心价值体系,是党顺应世情、国情、党情新变化,深刻把握社会主义意识形态建设规律和时代发展要求,坚持中国特色社会主义文化发展道路,提升社会主义思想文化软实力,发展社会主义先进文化,努力建设社会主义文化强国的重大举措。当前我们正处在一个大发展大变革大调整的时代,国际国内形势的深刻变化使我国意识形态领域面临着空前复杂的情况。从国际来看,经济全球化趋势深入发展,各种思想文化相互激荡,不同文明之间的交流交融交锋更加频繁,文化软实力在综合国力竞争中的地位和作用更加凸显,维护国家文化安全的任务更加艰巨,增强国家文化软实力、中华文化国际影响力的要求更加紧迫。从国内来看,我国已经进入了全面建设小康社会的关键时期和深化改革开放、加快转变经济发展方式的攻坚时期,经济社会发展呈现许多新的阶段性特征。社会生活日趋多样化,社会意识更加多元化,在社会思想空前活跃、主流积极健康向上的同时,一些错误的、消极的、颓废的思想意识也有所滋长。文化越来越成为民族凝聚力和创造力的重要源泉、越来越成为综合国力竞争的重要因素、越来越成为经济社会发展的重要支撑,丰富精神文化生活越来越成为我国人民的热切愿望。

面对经济体制深刻变革、社会结构深刻变动、利益格局深刻调整、思想观念深刻变化的新局面,面对思想领域不断发生变化、文化领域不断增长要求的新形势,党始终站在社会主义意识形态安全和社会主义国家文化软实力建设的高度,密切重视社会主义核心价值体系建设。党的十六届六中全会第一次明确提出了“社会主义核心价值体系”这一科学概念和“建设社会主义核心价值体系”这一重大命题,并对社会主义核心价值体系的基本内容做出了明确界定，强调“社会主义核心价值体系是建设和谐文化的根本”。党的十七大报告把建设社会主义核心价值体系、增强社会主义意识形态的吸引力和凝聚力，当做推动社会主义文化大发展大繁荣的首要任务，鲜明地提出“社会主义核心价值体系是社会主义意识形态的本质体现”。党的十七届六中全会在《中共中央关于深化文化体制改革、推动社会主义文化大发展大繁荣若干重大问题的决定》(以下简称《决定》)中，把建设社会主义核心价值体系规定为社会主义文化建设的根本任务，强调“社会主义核心价值体系是兴国之魂，是社会主义先进文化的精髓，决定着中国特色社会主义发展方向”，要“坚持用社会主义核心价值体系引领社会思潮，在全党全社会形成统一指导思想、共同理想信念、强大精神力量、基本道德规范”。自党的十六届六中全会首次提出“建设社会主义核心价值体系”这一重大战略任务以来，社会主义核心价值体系作为理论热点引起了持续的关注和热烈的讨论。党的十八大报告再一次强调要深入开展社会主义核心价值体系学习教育，用社会主义核心价值体系引领社会思潮、凝聚社会共识。党的十八大报告还提出倡导富强、民主、文明、和谐，倡导自由、平等、公正、法治，倡导爱国、敬业、诚信、友善，积极培育和践行社会主义核心价值观。

建设全面发展、全面进步的社会主义和谐社会，必须在不断发展和完善社会主义经济、政治、文化、社会及生态文明等五个制度建设的同时，积极探索社会主义在精神和价值层面的本质规定性。构建科学完备的社会主义核心价值体系，是社会主义是否追求完善、是否趋于成熟的一个重要标志；推进社会主义核心价值体系建设，是社会主义是否与时俱进、是否不断发展的一个衡量依据；促进全党和全国各族人民深入学习和贯彻社会主义核心价值体系，更是社会主义是否获得认同、是否凝聚力量的一个评判标准。物质贫乏不是社会主义，精神空虚也不是社会主义。没有社会主义文化的大发展大繁荣，就没有社会主义现代化。没有社会主义的核心价值观建设，也不能建设成真正的社会主义。

社会主义核心价值体系建设问题，是一项非常复杂的系统工程，其最终落脚点应该是全体社会成员对社会主义核心价值体系的深入学习和深刻践行。如何更加紧密联系实际、联系群众、联系生活，推动社会主义核心价值体系的普及教育，推进社会主义核心价值体系的大众化和市场化，是哲学社会科学工作者必须承担的作为促进社会主义文化大发展大繁荣的重要任务，也是文化产品创作发展的最主要领域之一。我们要把社会主义核心价值体系融入思想教育活动之中、融入舆论宣传活动之中、融入精神文化生活之中、融入文化产品消费过程之中，创新教育方法、改进引导方式，切实做到因势利导、潜移默化、春风化雨、注重实效。

《社会主义核心价值体系通俗系列读本》正是基于上述历史背景和现实需要，从传播社会主义核心价值体系的角度出发，在贯彻落实党和国家政策方针的基础上，试图用平易朴实、深入浅出的语言，生动活泼、内容多样的形式编写的一套人民群众看得懂、听得进、学得会的社会主义核心价值体系普及教育读本，在更广阔的领域、更广泛的群体，深入推进社会主义核心价值体系建设。将理论界对社会主义核心价值体系的研究成果推向普通人民群众，以理论通俗读物的形式，进一步完善社会主义核心价值体系的传播模式，有效提升社会主义核心价值体系的传播程度。

丛书共六本，由兰州大学马克思主义学院六位教授博士生导师负责编写。第一本《凝心聚力兴国魂——社会主义核心价值体系》由王学俭教授负责，试图从社会主义核心价值体系建设的历史背景、深刻内涵、建设路径等角度出发，深入浅出地阐述和讲解社会主义核心价值体系建设的主要内容，力求阐明：为什么建设社会主义核心价值体系，什么是社会主义核心价值体系，怎样建设社会主义核心价值体系。第二本《科学真理指航程——马克思主义指导地位》由王维平教授负责，试图从理论阐述、实践印证、历史回溯、未来展望四个维度，阐述马克思主义作为中国共产党的指导思想，在整个社会主义核心价值体系中的基石和灵魂作用，力求阐明：什么是马克思主义和中国化的马克思主义，为什么要选择、坚持和发展马克思主义和中国化的马克思主义，怎样坚持和发展马克思主义和中国化的马克思主义。第三本《高举旗帜不动摇——中国特色社会主义共同理想》由刘先春教授负责，试图从历史梳理、实践验证、具体措施等角度出发，围绕什么是中国特色社会主义共同理想、为什么坚持中国特色社会主义共同理想、怎样坚持中国特色社会主义共同理想，深刻阐述坚持中国特色社会主义共同理想的重要性、必要性和可行性。第四本《万里长城永不倒——爱国主义为核心的民族精神》由张新平教授负责，试图围绕民族精神的渊源、内涵、作用、培育、弘扬和践行等方面，科学回答了什么是民族精神，为什么要弘扬以爱国主义为核心的民族精神和怎样践行和弘扬民族精神等问题。第五本《弘扬时代主旋律——改革创新为核心的时代精神》由丁志刚教授负责，试图从时代精神的形成背景出发，具体阐述时代精神的价值内涵和辉煌成就，通过对时代精神典范的生动描述，探讨弘扬时代精神的具体措施，有效地回答了什么是时代精神，为什么要弘扬以改革创新为核心的时代精神和怎样践行和弘扬时代精神等问题。第六本《知荣明耻树新风——社会主义荣辱观》由马云志教授负责，试图从社会主义荣辱观的八荣八耻的主要内容入手，按照是什么、为什么、怎么办的逻辑思路，坚持理论阐述和事例分析相结合，生动形象、科学有力地阐释和讲解了树立和践行社会主义荣辱观的时代要求、现实意义和实施路径。

本套丛书是主编王学俭教授主持的2012年国家社科基金重点项目"社会主义价值与社会主义核心价值体系的内在关联研究"(项目批准号:12AKS005)和中央高校基本科研业务费专项资金项目"社会主义核心价值体系与文化软实力发展研究"(项目批准号:11LZUJBWZJ002)的阶段性成果。在如何传播和弘扬社会主义核心价值体系，推进社会主义核心价值体系建设方面，项目组积极借鉴传播学、政治传播学、政治营销学、社会心理学等学科的相关理论和方法，考察当前社会主义核心价值体系的传播生态及认同瓶颈，探索社会主义核心价值体系传播的主体素质、受众心理、形态内容、语言符号、媒介工具、机制模式及效果评估，力图建构社会主义核心价值体系传播及营销系统，为社会主义核心价值体系的大众化、生活化、通俗化、国际化提供合理的理论架构和实践指引。编写《社会主义核心价值体系通俗系列读本》，实现社会主义核心价值体系传播的大众化、市场化，正是项目组进行的有益探索和积极尝试。

推进社会主义核心价值体系建设，关键在强化教育引导、增进社会共识、创新方式方法、健全制度保障，其核心是推进社会主义核心价值体系传播的大众化、市场化和产业化。本丛书从设计理念到具体结构、从组织策划到内容编写，都是对社会主义核心价值体系传播和普及教育的一次创新，有利于切实推进社会主义核心价值体系的建设步伐。本丛书既可以作为面向人民群众宣传普及社会主义核心价值体系的大众化教育读本，又可以作为面向基层党政干部学习和践行社会主义核心价值体系的理论通俗读物，还可以作为面向理论研究者深入学习和研究社会主义核心价值体系建设的辅助性材料。

丛书编委会

2012年11月15日

目 录

分清荣辱知大义

——社会主义荣辱观的源脉流变 / 001

礼义廉耻,国之四维 / 002

精神巨人的文明遗产 / 004

知荣明辱,时代新风 / 008

誓做中华好儿女

——以热爱祖国为荣,以危害祖国为耻 / 013

热爱祖国谓之何 / 013

热爱祖国缘于何 / 016

拿什么爱你,我的祖国 / 020

俯首甘为孺子牛

——以服务人民为荣,以背离人民为耻 / 024

大爱无言,默默奉献 / 025

赠人玫瑰,手留余香 / 029

把我的爱,带回你家 / 032

科学武装自由身

——以崇尚科学为荣,以愚昧无知为耻 / 035

一个苹果的故事 / 035

科学引领美好人生 / 040

如何做好“赛先生” / 043

汗水浇开幸福花

——以辛勤劳动为荣,以好逸恶劳为耻 / 046

早起鸟儿有虫吃 / 046

幸福不亏勤劳人 / 050

自己动手衣食足 / 052

人心若齐泰山移

——以团结互助为荣,以损人利己为耻 / 057

扛鼎十指皆为连心之力 / 057

集体主义浇灌团结青苗 / 060

你我互融推动整体发展 / 064

诚信之道通四海

——以诚实守信为荣,以见利忘义为耻 / 069

领悟诚信之道,继承优良传统 / 069

不讲诚信危害大,见利忘义非君子 / 073

人人讲诚信，社会更美好 / 078

知法守法要记牢
——以遵纪守法为荣，以违法乱纪为耻 / 082
以法为鉴，知法守法 / 082
不以规矩，不成方圆 / 085
法德合一，自律自觉 / 089

成由勤俭败由奢
——以艰苦奋斗为荣，以骄奢淫逸为耻 / 095
克勤于邦，克俭于家 / 096
居安思危，戒奢以俭 / 098
激浊扬清，两个务必 / 102

争当社会新公民
——社会主义荣辱观的内化与落实 / 107
龙的传人，让心飞翔 / 107
传承美德，引领风尚 / 112
感动自己，感动中国 / 114

后　记 / 116

分清荣辱知大义

——社会主义荣辱观的源脉流变

2006年3月4日，胡锦涛同志发表了关于牢固树立以“八荣八耻”为主要内容的社会主义荣辱观的重要讲话。讲话强调了发展社会主义先进文化的重要意义，就如何提高人的道德水平、促进人的全面发展，培养有理想、有道德、有文化、有纪律的社会主义公民等问题提出指导意见。培养和树立牢固的社会主义荣辱观，培育良好的社会风气，要求我们不能混淆是非、善恶、美丑的界限，大力弘扬爱国主义、集体主义和社会主义思想，倡导社会主义基本道德规范，扶正祛邪，扬善惩恶。社会主义荣辱观概括精辟，内涵深邃，具有很强的民族性、时代性和现实针对性，体现了中华民族传统美德与时代精神的有机结合，体现了社会主义基本道德规范和社会风尚的本质要求，体现了社会主义价值的鲜明导向和发展方向，对推动形成良好社会风尚，构建社会主义和谐社会，实现中华民族伟大复兴，具有重要而深远的历史意义。

新中国成立以来，尤其是改革开放三十多年来，我国各项社会建设事业突飞猛进。但是，中华民族要想在21世纪人类历史进程中对世界文明的发展真正做到负责任、敢担当、有贡献，仅有经济成就是远远不够的，还必须培养出大批德才兼备的各类人才以及具有良好文明素养的社会主义新公民。社会主义荣辱观为我国社会公民道德培育及精神文明建设工作指明了方向，细化了标准，提出了目标和要求，全体社会成员必须积极行动起来，坚定不移地按照社会主义荣辱观的标准，在工作、学习及日常生活中严格要求自己，不断提高个人道德修养水平，勇敢承担时代赋予的历史使命，报本追远，从中华民族悠久的历史传统中去发现引以为豪并需要发扬光大的文明因子，力争把自己培养成为一名德行高尚、人格完善，真正具有大国风范的社会主义新公民。

礼义廉耻，国之四维

“你从远古走来，巨浪荡涤着尘埃……我们赞美长江，你是无穷的源泉；我们依恋长江，你有母亲的情怀……”。一首《长江之歌》表达了亿万炎黄子孙对伟大祖国的热爱之情，也唱出了新时期中华儿女自立、自强，勇立时代潮头的豪情壮志。华夏沃土万千里，文明上下五千年。中华民族自有记载的文明史出现以来，一个令世界为之惊奇的事实就是中华文明从未因任何外来因素，如侵略、自然灾害等而失其根、竭其脉、断其流。如果要寻求其中根源的话，我们或许能从中国传统文化中的人伦道德修养角度找到准确的答案。

注重伦理道德修养和人格塑造是中华传统文化的核心。“自天子以至于庶人，壹是皆以修身为本”。修身为本就是要追寻仁爱公道、诚信重义、谦恭宽厚、淡泊名利、知耻明辱等理想人格，而对人与自然、社会、国家之间，人与人之间，人与自身等三层关系的矛盾的克服与发展就是这种人格追寻的表现。

国家为本是大义

因为农耕文明的发展特性，自古以来中国人养成了顺应天时地利，讲求人与自然和谐共生的传统，自觉处理好人与自然、社会以及国家三者之间的关系主要表现为人对大自然虔诚的敬畏之心；人与人之间讲求博爱、平等、互助；在个人与国家和集体之间的利益排序方面优先考虑国家和集体。所以，伴随着历史长河的荡涤与磨砺，中华民族逐渐形成了一系列爱国、爱家、爱他人、爱自然等仁爱、和谐的思想，以及由此产生的兼容并包、融和会通等精神，它们共同构成了一系列中华民族立身处世的规范与法则，伴随着中华文明的伟大实践不断丰富与完善，并最终融会贯通在中华儿女的血液中，成为灵魂深处最为本真的优秀道德因子。

在教育理念方面，《诗经》言“夙夜在公”；《左传》言“临患不忘国”；儒、墨、道、法各家或提倡“乐以天下，忧以天下”，弘扬“天下为公”、“公而忘私、国而忘家”,或提倡“举公义,辟私怨”,或坚持“圣人无心,以百姓心为心”,或强调“无私、背私”等原则,形成了系统的教化理念和规则。至于个人实践,则既有屈原“眷顾楚国”而甘投汨罗的勇气,也有范仲淹“先天下之忧而忧,后天下之乐而乐”的咏叹。及至明清以降,“天下兴亡,匹夫有责”的精神更是化入戚继光、郑成功、林则徐、孙中山等仁人志士及反抗一切外来侵略的每一位中华儿女的骨髓中,成为中华民族的光辉典范。正是拥有这种独特的精神品格,中华民族虽然屡遭外敌入侵,但维护天下一统的决心始终没有改变,追求国家统一的理想旗帜始终高扬。由此可见,以仁爱为基础的爱国主义情怀,以仁爱为基础的为国为民的追求,是中华民族五千年生生不息的基础保障,是我们国家赖以生存发展的“国魂”。

正义明道重集体

中国传统伦理道德要求个人在处理与他人之间关系的时候需要明辨义利、见利思义,这些标准对人与人的社会交往起着基本的价值引导与规范作用。“以团结互助为荣,以损人利己为耻”,“以诚实守信为荣,以见利忘义为耻”就体现了传统义利观的时代风貌。先秦儒家强调见利思义,当二者发生矛盾时需舍生取义。《论语》讲“不义而富且贵,于我如浮云”。孟子称“生,亦我所欲也,义,亦我所欲也;二者不可兼得,舍生而取义者也”。陆九渊则直言“以义为荣,背义为耻。轻重荣辱,惟义与否”。另外,人与人不但要处理好义利关系,还讲求互帮互助,诚信不欺。“自古皆有死,民无信不立”、“君子有大道,必忠信以得之”都强调把诚信放在处世的首位。“诚信”就是“义”,以“义”为先,所以,人和人之间的和谐由此而生。与此相关的“贵和”思想也认为“和则一,一则多力,多力则强,强则胜物”。及至近代,康有为、严复、谭嗣同等先贤也强调“至诚则金石为开”,“能群者存,不群者灭;善群者存,不善群者灭”等思想,充分说明中华民族精神的一贯传承和生命力之强劲。总之,中国文化传统中的君子必须具备“大义”品格,必须在义利取舍间辨明是非,以义为先,否则,只能是没有达标的“小人”。

君子修为重精神

中正仁和、笃学厚德、知耻明辱、勤勉节俭等优秀品格不但是君子仁人的不变追求,而且也是教育普通大众共同进步的不二法则。商鞅立木表诚信,相如高义将相和等故事千古流传,世代为百姓称颂。而对岳飞、杨家将等英雄人物的怀念与对秦桧、吴三桂等奸佞小人的唾骂的鲜明对比,说明德性修养在国人精神世界中的重要地位。法家代表人物管子甚至将"礼义廉耻"提到"国之四维"的高度,称"守国之度,在饰四维"。这就表明遵纪守法、求仁行义、清正廉洁、知耻明辱等德行操守对一个国家生存与发展的重要意义。儒家强调"国之本在家,家之本在身"、"无羞恶之心,非人也",这些对人本身的品质要求,决定了中国人血液中的民族特质,从而成为中华民族生生不息、虽历经劫难却又顽强生存下来的基因保证。

由此可见,作为处理好人与自然、社会、他人之间关系的基点,强调自我品行修为是中国人安身立命、为人处世不可或缺的准则,这种理念同样适合当代社会主义先进文化建设的时代要求。"天下兴亡,匹夫有责"的忧患意识和爱国主义精神、"民为邦本,本固邦宁"的民贵民本思想、"人一能之,己百之;人十能之,己千之"的吃苦耐劳精神、"兴利除弊"、"自强不息"的改革精神、"以爱己之心爱人,则尽仁"的"仁爱"精神、"勿以恶小而为之,勿以善小而不为"的律己观念等人格特质就是中国人基本精神风貌的概括。在21世纪的今天,为了民族复兴,我们必须继续挖掘和弘扬中国传统文化中所蕴含的优秀伦理道德精华,将其与当代中国特色社会主义实践相结合,与构建社会主义和谐社会相结合,充分发挥其在思想道德教育方面的优势,为构建社会主义核心价值观,为培养健全人格和高尚道德情操的社会主义新公民作出贡献。

精神巨人的文明遗产

中华文明史历经数千年而不衰,缘于中国人在文化传承尤其是精神传承方面的持久特性,所以,推动民族前进的动力与其说是文化的力量,不如说是文化中蕴涵着的高尚精神的力量。经过几千年的积淀,中华文明因其精神的高尚而给人类文明史增添了一笔无与伦比的无形财富,并在世界文明发展史中确立了自己独特的地位,具有其他各种文化不可比拟的影响力。

华夏文明播四海

17、18世纪的欧洲出现了一股“中国热”，文艺复兴后的欧洲人开始重新审视除丝绸、瓷器之外的中华文明，尤其对以道德观念以及戏曲艺术为主要表现形态的中国传统文化产生了浓厚的兴趣，先后涌现出一大批研究中国的学者。其中一位来自德国的、想加入中国国籍的著名哲学家莱布尼兹称：“从前，我们谁也不会相信在这个世界上还有比我们的伦理更完善，立身处世之道更先进的民族存在；现在，因为东方中国的发现，使我们觉醒了。”启蒙运动的代表人物伏尔泰也认为儒家“以德教人”的修身治国之道比求助于神明高明千百倍。霍尔巴赫也断言：中国以道德教化为核心的“德治”传统为欧洲的未来提供了范本。即使到了现代，英国著名历史学家汤因比也以非常羡慕的语气赞美道：如果允许他自由选择时间和国度的话，他希望回到公元1世纪去做一个中国人。同时，他也相信，中国传统文化宝库中蕴藏着其他文明无与伦比的积极力量，它将会在未来继续给世界文明提供精神财富。由于符合人类未来发展的方向，所以，“将来统一世界的绝不是西欧国家，也不是西欧化的国家，而是中国”。

为什么中国传统文化得到了世界的一致肯定呢？原因就在于，中国人正确地处理了人与自然、社会和国家间的关系，公平地处理了人和人之间的关系，顺利地解决了人自身发展的矛盾问题。

以人为本的不变追求。仁爱思想是儒家的最高道德原则和道德理想，尽仁爱人是儒家不变的坚守，为中国传统文化注入了原动力。《论语·颜渊》记载：“樊迟问仁，子曰：爱人。”只有通过“己欲立而立人，己欲达而达人”以及“己所不欲，勿施于人”等才能实现爱人。作为统治者，要“爱民如身”，只有“爱民如父母之爱子，兄之爱弟。闻其饥寒为之哀，见其劳苦为之悲”才能把国家治理好。孙中山先生非常推崇中国的仁爱思想。他说：“仁爱也是中国的好道德。古时最讲爱字的莫过于墨子，墨子所讲的‘兼爱’，与耶稣所讲的‘博爱’是一样的。古时在政治一方面所讲爱的道理，有所谓‘爱民如子’，有所谓‘仁民爱物’，无论对于什么事，都是用爱字去包括。所以，古人对于仁爱，究竟是怎么样实行，便可以知道。……把仁爱恢复起来，再去发扬光大，便是中国固有的精神。”在这种以人为本精神的熏陶下，作为统治阶级，历代贤明有为的君主皆以“百姓心为心”，安民利民，富民教民。作为社会个体，无论处江湖之远，还是居庙堂之上，忧国忧民情怀亦不曾改易，爱人爱己、厚德笃学的君子修为标准也不曾改变。

因仁爱物而坚持天人和谐。历代先贤圣哲一般都反对将人与自然对立起来的观念和做法，极力主张天人合一。《周易大传》说道：“夫大人者，与天地合其德，与日月合其时，与四时合其序，与鬼神合其吉凶。先天而弗违，后天而奉天时。”这就是说，有大德明大理之人，一般是不会违背自然规律行事的，人生在天地间，应该遵循不违天地的天人和谐原则。

天人和谐理念对进入工业化之后的人类社会发展具有重要的启示意义。自从大机器生产代替手工劳动之后，一日千里的生产力发展速度使人类产生了在自然面前无所不能的美好幻觉，但这种极端的人定胜天思想也给人类社会带来了巨大灾难。生态失衡、环境污染等问题正在警示人们必须遵从自然规律，否则将“收获”更多的灾难。所以，中国传统文化中的天人观，为当今世界文明的发展提供了有益借鉴。如果人类未来的文明不以中国人的天人合一思想作为范式的话，那么，就真会如汤因比所警告的那样，人类的前途将是可悲的。

仁爱天下而包容会通、厚德载物。虽然诸子先贤的思想倾向各有所尊，但均提倡“万物并育而不相害，道并行而不相悖”的包容精神，百家学说在争鸣中相互吸收，相互发展。经过长期实践，各家学说流派犹如江汇大海，最终形成了以儒、释、道三家为主体的基本架构，三者和谐共生，实现了西方国家不可想象的文化大团圆局面。汤因比为此感叹道：“就中国人来说，几千年来，比世界任何民族都成功地把几亿民众从政治上、文化上团结起来。他们显示出这种在政治、文化上统一的本领，具有无与伦比的成功经验。”

人类在日益走向现代化的今天，无论征服自然的能力获得多大提高，人与人之间距离变得如何接近，物质文明的发达如何超出想象，一个蕴藏在人类心灵深处的道德呼唤、心性解放与人格完善以及为达此目的的追寻之路却始终没有改变。中国人几千年来的伦理道德追求不会因为时间的流逝而改变它本真的价值。由此我们不难理解，在各个历史时期，虽然中华文化遭到外来文化的一次次解构和冲击，但中华文化余脉犹存、根柢未断，并在经历过痛苦的挣扎之后，实现了凤凰涅槃般的自我救赎，从而展现出了一段在各种文化与文明的砥砺、冲突中完善自己、发展自己的辉煌历程。

荣辱观念展未来

中国传统道德伦理思想在中华民族文明史上的积极作用毋需赘言，那么，农耕文明经典在工业文明日益发展的今天是否还有继续发展的空间？该体系能否继续发挥其应有的作用而给人类未来指明出路呢？答案是肯定的。

民主、平等、和谐、友爱、公正等价值目标是人类文明所向往和孜孜以求的，无论东西方文明体现出的追求轨迹有何不同，但对大同社会的追求却是一致的。《礼记·礼运》篇称："大道之行也，天下为公。选贤与能，讲信修睦。故人不独亲其亲，不独子其子。……是故谋闭而不兴，盗窃乱贼而不作，故外户而不闭，是谓大同。"《共产党宣言》则告诉我们，代替那存在着阶级和阶级对立的旧社会的崭新社会即共产主义社会，将是这样一个联合体："在那里，每个人的自由发展是一切人的自由发展的条件"。

儒家所倡导的大同社会和马克思所设计的共产主义社会内涵上有着非常惊人的暗合，无论工业文明与农耕文明的表现形式有何不同，人类对自身伦理道德修养的追求是一致的，对自身在社会关系中的坐标定位也是一致的。但是，当代社会工业文明的飞速发展带给人类巨大进步的同时，也使人类陷入了一种自我迷失、自我疯狂的恶性循环。重物质利益与感官享受，轻精神构建与心性修为；重人类充分所需，轻自然必要回馈，人与自然的和谐关系从此打破。那么，面对此种情形，人类要想完成真正的自我救赎，必须找回迷失的自己，重新正确定位，发现自己，审视自己，战胜自己，完善自己，中国人的传统文化及其所蕴含的伦理道德思想体系给我们指明了方向。

今天，无论西方还是中国，精神上的需求无法得到满足已经成为一个普遍的问题，文化建设普遍落后于经济建设，人生观、世界观、价值观问题表现突出。人们在享受巨大物质文明带来的好处的同时，却又无力解决精神空虚的问题，人为外物所奴役，被金钱所困扰，为名利所焦虑，很大程度上生活在一个不知所措的世界中。人们更多注重物质获取和享受而忽视精神愉悦和追求,更多关注自身利益而忽视他人利益,更加容易忽视自身品质的完善与完美人性的塑造而只注重单纯和低级趣味的享受,更加容易忽视气节、正义与善良而只注重眼前的物质利益,以致忘记社会责任。2011年年末发生在广东佛山市的"小悦悦事件"突出表明当前我国公民道德素养亟待提高。若想走出道德困境,必须重新定位人与自然的关系,重新发现自身灵魂深处的善良与美德,重新找到人作为人存在的意义,否则,我们将会继续在人性异化的泥潭中越陷越深。

所以,以注重伦理道德培育与心性修养为特征的中国传统文化在人类实现现代化过程中,一方面要实现自身的转型,一方面也必将以其特有的思想精华与价值理性继续启迪人类前行。我们有理由相信:中国传统文化中的人文精神依旧会在现当代世界文明发展史上绽放出更为灿烂的光辉,从而为21世纪的中国和世界文明的进步作出自己应有的贡献。

知荣明辱,时代新风

新中国成立六十多年来,中国共产党带领全国人民艰苦奋斗,开拓创新,在一穷二白的基础上取得了辉煌的成就。但是,当前阶段,社会主义精神文明建设总体情况依然比较严峻,提出社会主义荣辱观适逢其时。"八荣八耻"涵盖了爱国主义、集体主义、社会主义思想,体现了中华民族传统美德和时代要求,反映了社会主义世界观、人生观、价值观,明确了当代中国最基本的价值取向和行为准则,与当代中国先进文化的科学内涵、精神实质和实践要求有着内在的、本质的统一性,与社会主义思想道德建设和精神文明建设相辅相成、相互促进。从内容上看,"八荣八耻"既体现了为人民服务的人生观和社会主义道德"五爱"要求,也体现了在家庭生活、职业生活、社会公共生活中公民应当遵循的基本准则,同时体现了以改革创新为核心的时代精神,是对社会主义国家公民应当遵守的基本思想道德规范的高度概括,也是从总体上对社会主义社会主导价值体系的生动表述。

"八荣八耻"为何提

公民道德整体水平不乐观。我国"一些领域道德失范、诚信缺失,一些社会成员人生观、价值观扭曲,用社会主义核心价值体系引领社会思潮更为紧迫,巩固全党全国各族人民团结奋斗的共同思想道德基础任务繁重。"虽然热爱祖国、开拓创新、锐意进取、科学文明、团结互助等优良风尚是我国社会精神风貌的主流,民主、公平、法治等现代理念日益深入人心,但受历史条件制约和西方外来腐朽文化的影响,确实存在道德失范、诚信缺失、不知荣辱、不明是非、不分美丑的不良现象,中国古代优秀传统美德被遗忘、扭曲和抨击,西方优秀文明被忽视,而腐朽文化受追捧,由此导致社会风气不同程度受到破坏。当"孩子被碾轧要不要救"和"老人跌倒了要不要扶"一类的基本道德问题都让我们无比纠结的时候,提出社会主义荣辱观以遏制当前社会道德水平滑坡的趋势,提升市场经济条件下公民的思想道德素养,显得必要而迫切。

中华民族自立自强的需要。当今世界"软实力"的竞争日益成为国家间角逐的主要战场,而文化软实力作为其核心要素,无疑在国家软实力竞争中起着举足轻重的作用。"文化在综合国力竞争中的地位和作用更加凸显,维护国家文化安全任务更加艰巨,增强国家文化软实力、中华文化国际影响力要求更加紧迫"。但是,当前我国文化软实力建设还有许多不足。比如,文化人才队伍培养机制不全,人才流失、人才缺失现象较为严重,某些社会领域道德失范、诚信缺失现象严重,部分社会成员人生观、价值观扭曲,公民道德素养和大国地位不相符合,民族文化产业不够强大,缺乏国际竞争力和影响力,国外文化咄咄逼人,对我国社会主义精神文明建设目标和文化软实力建设构成挑战,等等,不一而足。

社会主义"五位一体"建设的客观要求。中国特色社会主义现代化建设事业是融经济建设、政治建设、文化建设、社会建设和生态文明建设为一体的系统建设工程,缺失任何一个方面,都不是完整意义上的社会主义。社会主义建设不是盲人摸象,经济贫穷不是社会主义,精神贫穷也不是社会主义。温家宝曾说:"道德是世界上最伟大的,道德的光芒甚至比阳光还要灿烂。"那么,有着优良道德修养传统的中国人还能否找回曾经照耀我们民族的那缕"道德"阳光呢?脚踏实地,仰望道德星空,循着灵魂深处的道德呼唤坚定前行,是当代中国人不可移易的选择。所以,让社会主义核心价值体系深入人心,进一步弘扬全民族良好的思想道德风尚,是中国特色社会主义建设事业的必然要求。

“八荣八耻”咋实践

认识意义是起点。全社会必须充分认识到,以“八荣八耻”为主要内容的社会主义荣辱观的提出, 表明我国已经把大力提升文化软实力,发展社会主义先进文化放到了十分突出的战略地位;也必须认识到,社会主义荣辱观为各民族、各阶层和不同利益群体的人们判断行为得失、确定价值取向、做出道德选择提供了基本规范,为构建与社会主义市场经济相适应、与社会主义法律规范相协调、与中华民族传统美德相承接的思想道德体系指明了方向。作为一项为提高公民素质、培育社会主义“四有”新公民而提出的重要指导思想,它是对马克思主义道德观的精辟概括和社会主义道德的系统总结,也是社会主义市场经济条件下加强思想道德建设的强大思想武器和重要指导方针,因而,必须以此为准绳,努力在日常生活中按照相关要求检验是非得失,提高荣辱观修养水平。

准确把握真要求。践行社会主义荣辱观,要以加强思想道德建设为主题,以促进社会风气不断改善为目标,形成“知荣辱、讲正气、树新风、促和谐”的文明风尚,把社会主义荣辱观渗透到人们日常工作生活和社会交往中,贯穿到各行各业的生产、经营和管理中,积极引导人们从自己做起,从身边做起,从一点一滴做起,旗帜鲜明地崇尚真善美,抵制假恶丑;把社会主义荣辱观学习实践活动与加强爱国主义教育、与贯彻公民道德建设实施纲要、与未成年人思想道德建设和大学生思想政治教育以及群众性精神文明创建活动和学习宣传先进典型等活动结合起来,联系实际,弘扬正气,深入持久地开展下去。

创造文化优环境。文化艺术界必须始终坚持社会主义先进文化的前进方向,广大文艺工作者和出版界人士必须增强社会责任感,优先考虑社会效益,努力生产和推介体现民族传统美德和鲜明时代精神的优秀作品,为人民群众提供丰富健康的精神食粮,增强人们的精神力量。各级政府需要加强基层公共文化事业投入和建设力度,切实完善公共文化服务体系,充分发挥爱国主义教育基地等各类公益性基础文化设施的阵地作用,为广大人民群众提供文化活动和精神文明建设的良好平台。文化市场监管部门必须强化管理,加强对各类娱乐节目、都市报纸、时尚杂志等大众文化消费品以及商业广告的监督引导, 严厉查处各种违法行为,依法打击各种社会丑恶现象,逐步形成弘扬先进文化、抵制腐朽文化的长效机制。

宣传实践共推进。要推动社会主义荣辱观教育在各个领域和社会单位的学习宣传、实践工作,在各个重点领域集中解决公民行为习惯和社会风气中存在的突出问题,引导人们懂礼貌、知礼仪、重礼节,养成文明言行。公务员系统要把该项活动作为党的先进性建设的重要内容,纳入"创文明机关,做人民满意的公务员"工作中,用良好的党风、政风促进社会风气的好转;企事业单位要以"树立正确的荣辱观,增强主人翁责任感"为主题,采取多种形式,广泛开展教育实践活动,尤其是社会窗口服务部门要规范服务,诚信经营,文明执法,为全社会做出表率;教育系统要抓好社会主义荣辱观教育进校园、进教材、进课堂工作;城市社区、街道、广大农村要发挥基层宣传教育的阵地作用,开展形式多样的道德评议活动,引导群众实现自我教育、自我管理;传媒系统要坚持正确的舆论导向,利用自身优势,采取多种形式,加大宣传教育力度,褒扬高尚品德,谴责不良行为,力争把传媒系统打造成"八荣八耻"的自觉实践者和积极推动者。

打造网络好平台。充分认识和发挥网络媒体的积极作用,倡导网络文明,在全社会有效推动"文明办网、文明上网"活动,科学运用网络宣传普及社会主义荣辱观。各级各类网站需要切实履行承诺,增强自律意识,积极引导广大网民自我约束,自觉抵制网络暴力和不文明行为,带头净化网络环境,不断提高网络信息的社会公信力,形成健康向上的网络文明新风,最终使网络成为传播社会主义先进文化的前沿阵地。

形成机制是关键。各级党委、政府要把深入开展社会主义荣辱观学习实践活动作为加强社会主义思想道德建设的重大举措,发扬求真务实精神,切实加强组织领导,及时总结、推广各界群众创造的新鲜经验,动员社会各方面力量,建立、完善相关责任机制;各级政府要发挥政策对道德生活的导向作用,发挥规章制度对人们道德行为的激励、约束作用,发挥法律法规对道德建设的保障作用,依法惩治违法行为,积极引导和规范社会道德,不断增强工作的针对性、实效性和吸引力、感染力,力争形成社会主义荣辱观宣传实践的制度保障机制和长效激励机制,最终实现一系列的制度保障机制，把践行社会主义荣辱观的各项任务真正落到实处。

总之,以“八荣八耻”为主要内容的社会主义荣辱观,与社会主义市场经济相适应,与社会主义法律规范相协调,与中华民族传统美德相承接,是新形势下加强社会主义思想道德建设的根本指导方针。中华民族的精神世界是丰富的,是博大的,是与时俱进的,也是知荣明耻的。为了民族美好的未来,全社会形成弘扬和践行社会主义荣辱观的良好氛围是时代的要求和现实的需要,必须大力宣传,认真实践。只有社会主义荣辱观深入人心,成为当代中国人行为处事的基本规范,才能不断提高当代中国人的思想道德水平,才能形成健康向上、互助互爱、邻里相帮、人与人、人与自然、人与社会和谐共生的良好风尚,才能为中华民族的伟大复兴提供强大的精神动力和智力支持,成为中华民族新时期不断走向胜利的精神源泉。

誓做中华好儿女

——以热爱祖国为荣，以危害祖国为耻

我们中华民族有同自己的敌人血战到底的气概，有在自力更生的基础上光复旧物的决心，有自立于世界民族之林的能力。

——毛泽东

热爱祖国谓之何

爱国是优秀的历史传统

上下五千年，泱泱大中华，热爱祖国是中华民族的光荣传统。这种高尚行为和品格自古以来就被历代仁人志士赋予了多重涵义，并在实践中不断丰富和发展。大禹治水为苍生，历经艰辛，三过家门而不入；周公辅佐成王治理天下，忧国为民，“一饭三吐脯，一沐三握发”，体现了仁者爱民如子、为国尽忠的高尚情操；孔子以“天下归仁”为志，周游列国，劝君王行仁义之事，做仁义之君，招徒讲学，传播仁义，教天下子弟学仁义之学，行仁义之举，以自己的赤子之心谱写了一曲心怀天下、热爱苍生的教育之歌；霍去病千里追穷寇，誓言“匈奴未灭，无以家为也”，充分体现了国而忘家、公而忘私的优秀品质；苏武被流放漠北十九年，虽茹毛饮血，却不辱使命，“杖汉节牧羊”，以超人的毅力维护了国家尊严；马援“男儿当死于边野，以马革裹尸还葬耳”的报国豪情激励着一代代英雄豪杰前赴后继，虽九死一生，依然不改为国尽忠之志；诸葛亮为复兴汉室，“鞠躬

尽瘁，死而后已”，先贤风范为历代传诵；范仲淹“先天下之忧而忧，后天下之乐而乐”的爱国为民情怀，更体现了古代士人对国家社稷、黎民百姓的眷恋与热爱。

2008年岁末，电影《梅兰芳》上映，首周票房竟达4218万，吸引观众的原因，不仅在于梅兰芳传奇的一生，更在于他因强烈的爱国之心而表现出了不屈的民族气节和高尚的民族抗争精神。林则徐虎门销烟、义和团抗击八国联军、詹天佑不请外国技术顾问成功修建中国人自己设计的第一条铁路、鲁迅“我以我血荐轩辕”不断“呐喊”以图“铁屋子”里人们的觉醒、杨靖宇艰苦抗日以致殉国罹难、徐悲鸿坚持“人不可有傲气，但不可无傲骨”、刘胡兰“生的伟大，死的光荣”、抗日小英雄王二小那直挺的胸膛，等等。无数爱国英雄的事迹充分证明：“中国人民从来不在侵略者面前低头，有着酷爱自由、追求进步、维护民族尊严和国家主权的光荣传统。对外来侵略者都无比痛恨，对卖国求荣的民族败类无比鄙视，对爱国志士无比崇敬，这已经成为我们宝贵的民族性格。”伟大的中华民族在抗击外来侵略、保家卫国的斗争中形成了万众一心、同仇敌忾的民族气节，形成了自强不息、顽强不屈的战斗精神，谱写了一曲最宏大的爱国主义赞歌。

热爱祖国也表现为英勇无畏的革命精神。俄国十月革命一声炮响，为中国送来了马克思列宁主义，中国共产党以此为指导思想，带领中国人民推翻封建主义、官僚资本主义和帝国主义三座大山取得了民族独立。爱国主义在马克思列宁主义的指导下，发展成为中国共产党所倡导的为人民自由、为民族解放而抗争的精神。江姐就是在这一面精神旗帜指引下，为民族解放事业贡献出宝贵生命的优秀代表。江姐，原名江竹筠，1920年8月20日出生于四川省自贡市的一个农民家庭，1939年秘密加入中国共产党并担任中共重庆新市区区委委员，积极与反动派开展地下斗争。1948年，由于叛徒出卖，不幸被捕，被关押在重庆渣滓洞集中营。国民党特务对她严刑拷打，妄想从她身上找到“缺口”，以破获重庆地下党组织。但是，她始终怀着对党和人民的忠诚信念、对国家和人民淳朴的热爱，坚贞不屈，不幸于1949年11月14日重庆解放前夕，被国民党军统特务杀害于歌乐山，为人民解放事业流尽了最后一滴血。董存瑞“为了新中国，前进”的呐喊、申长根为完成战斗任务与敌人展开肉搏的身影、

"飞天女将"刘君湘不屈的高尚气节、藏族同胞司马德麟为革命洒热血的决心,共和国的英雄儿女们以坚定的信仰,展现出了英勇无畏的革命气概,表现出对国家和人民最炙热的深厚情怀。

拥护社会主义是爱国主义的时代体现

爱国是一个历史范畴,爱国主义的具体形式、范围、规模,推动爱国主义前进的社会力量都会随着历史条件和历史阶段的变化而不断发展变化。在新的历史时期,热爱祖国与拥护社会主义、拥护中国共产党的领导是一致的。建设中国特色的社会主义国家是新时期爱国主义的主题。

热爱祖国,首先表现为拥护社会主义制度,维护国家主权的独立和完整。建国伊始,朝鲜战争爆发,为保卫来之不易的胜利果实,中国人民志愿军奉命出兵朝鲜,抗美援朝,与以美国为首的"联合国军"展开英勇战斗。在整个战争中,中国人民志愿军共计战斗损失 36 万余人。其中,有卧火海、忍剧痛、维护潜伏纪律的邱少云;有抱炸药、冲敌阵、与敌同归于尽的杨根思;有挺胸膛、堵枪眼、视死如归的黄继光;毛泽东主席的爱子毛岸英也在这场战争中英勇牺牲,长眠于异国土地。落后的技术和装备无法阻止中华儿女为了祖国和人民利益而英雄献身的革命勇气,虽然他们付出了巨大的牺牲,但是中国人民志愿军凭借坚强的斗志和毅力,最终取得了抗美援朝的伟大胜利。这场战争充分反映了中国人民对祖国的热爱,打出了国威和军威,显著提高了新中国的国际地位,捍卫了民族尊严,增强了中国人民的民族自信心和自豪感,宣告了西方世界在中国沿海架几个炮台就能逼迫中国人签订不平等条约的时代一去不复返了,从而为新中国的经济恢复和建设工作顺利进行开拓了和平稳定的国际环境。

其次,热爱祖国还体现在努力为社会主义现代化建设贡献自己的智慧和力量。建国之初,百废待兴,社会各行业涌现出众多优秀的社会主义建设者,他们以高尚的爱国情操,在平凡岗位上表现出了对伟大祖国的热爱之情。石油工人王进喜将他对祖国的热爱表现在为祖国找石油的工作中。他以"宁可少活二十年,拼命也要拿下大油田"的顽强意志和冲天干劲,不顾腿伤,跳进泥浆池,用身体搅拌泥浆压井喷,被誉为"铁人"。他在为国家创造巨大物质财富的同时,还给我们留下了宝贵的精神财富,即有条件要上,没有条件创造条件也要上的"铁人精神"。

随着新中国成立的消息传向大洋彼岸，钱学森、邓稼先等解放前出国深造的一大批优秀知识分子无不欢欣鼓舞，他们怀着一颗魂系中华的赤子之心，毅然决然地放弃国外的优厚待遇，千方百计，克服艰难险阻，回到了日思夜想的祖国，将自身所学奉献给了亲爱的祖国。正是他们的赤诚与贡献，襁褓中的祖国才能在最短时间里成长壮大。

阅读材料

钱学森：爱国赤子艰难归国

被誉为"中国航天之父"的钱学森曾说："我的事业在中国，我的成就在中国，我的归宿在中国。"20世纪40年代，美国意识到钱学森的巨大价值，对其归国设置了重重障碍。当时美国海军次长金布尔声称："钱学森无论走到哪里，都抵得上5个师的兵力，我宁可把他击毙在美国，也不能让他离开。"经过周恩来总理与美方的艰难谈判，终于使得钱学森一家于1955年9月17日踏上回国航程。回国之后，面对新中国技术、人才、工业等各方面的空白，他带领科研人员辛勤钻研，在国防领域不断取得重大突破。这些成果让新中国在国防建设方面取得了突飞猛进的发展，为中国综合国力的迅速增长奠定了良好的基础，为民族复兴作出了重大的划时代贡献。

热爱祖国缘于何

爱国是公民必须遵循的基本道德规范

热爱祖国是中华民族的传统美德，也是当今每一位中国公民应当具备的基本道德品质和遵循的基本道德规范。各国人民都以是否热爱自己的祖国、能否为祖国贡献力量作为尺度，来评价一切个人、集团、政党和阶级的言行，评价一个国家的社会道德状况。因此，热爱祖国的思想和行为，在人类社会生活中具有深刻的道德意义。热爱祖国不仅是一种内心情感，而且是调整个人与国家和民族关系的基本道德规范，人们把它作为分辨美与丑、是与非、善与恶，以及决定赞扬还是唾弃、效法还是惩戒的道德标杆。

爱国是公民应当履行的基本义务

热爱祖国在政治层面上集中表现为权利和义务的统一。毛泽东的老师徐特立曾说:“人民不仅有权爱国,而且爱国是个义务,是一种光荣。”从本质上来说,热爱祖国就是维护国家的根本利益。祖国的利益高于一切,这是每个公民都必须坚持的政治原则。爱国作为一种政治原则,它以法律的形式固定下来,是每个公民必须遵循的基本义务。我国《宪法》明确规定:“中华人民共和国公民有维护祖国安全、荣誉和利益的义务,保卫祖国、抵制侵略是中华人民共和国每一个公民的神圣职责。”《刑法》也明确指出,危害祖国的行为触犯到刑法的,必须为其犯罪行为承担刑事责任。

“7·5事件”是一起由境内外民族分裂势力精心策划组织的分裂国家和危害人民生命财产安全的恶性打砸抢烧暴力犯罪事件,是新疆自新中国成立以来造成人员伤亡最多、财产损失最严重、社会影响最大的一次分裂事件。虽然事件造成的后果相当严重,但是每一位热爱祖国的炎黄子孙始终坚信,恐怖分子的阴谋终将不得人心,分裂祖国的妄想必定失败,安安稳稳过好日子,是新疆也是全国各民族群众的共同心声,分裂祖国的行为必然遭到法律的制裁、人民的唾弃和历史的审判。

爱国是社会主义制度的内在要求

爱国产生向心力和凝聚力。社会主义社会强调集体利益高于个人利益,强调发扬集体主义价值观,反对不顾集体利益的自私自利行为。因此,对全体社会成员提出热爱集体、热爱国家的要求,热爱祖国就是在社会主义制度条件下集体主义精神的集中体现。江泽民在首都青年纪念“五四”运动71周年的讲话中指出:“在我国历史上,爱国主义从来就是动员和鼓舞人民团结奋斗的一面旗帜,是各族人民共同的精神支柱,在维护祖国统一和民族团结、抵御外来侵略和推动社会进步中,发挥了重大作用。在爱国主义精神的激励下,我们的国家和民族自强不息,具有伟大的凝聚力和生命力。”历史事实也证明,无论在战争年代,还是和平年代,中华民族总是能够通过爱国主义拧成一股绳,取得民族抗争、社会建设、民族复兴的伟大胜利,这是炎黄子孙的骄傲和自豪。

爱国主义产生的民族向心力和凝聚力能够让我国人民集中力量办大事,尤其在面对大灾大难的危急时刻,这种精神更为可贵,这种力量也更为强大。如2008年5月12日,四川汶川发生8.0级大地震,川、陕、甘等地区人民的生命、财产遭受巨大损失。全国人民在抗震救灾战役中,积极发扬“我的中国心”、“中国,加油”等爱国主义精神,与灾区人民手拉手、心连心,共渡难关,共克时艰。灾难发生仅一周,全国接收社会各界捐赠款物合计就达到108.34亿元,其中捐款89.27亿元,物资折款19.07亿元。2008年9月,国务院下发《汶川地震灾后恢复重建总体规划》,地震灾区随即全面进入灾后恢复重建阶段。在党中央、国务院的领导下,在国家有关部委、对口援建省(市)、人民解放军和武警部队的倾力支援下,在全国人民和港澳台同胞、海外侨胞及国际社会的大力支持下,灾区人民和各方援助力量一道,顽强拼搏,积极推进美好新家园建设的各项工作任务,最终于2011年9月圆满完成了灾后重建任务,书写了一部从悲壮走向豪迈、在危难中崛起的历史新篇章。这就是中华民族爱国主义精神在新时代产生的伟大力量,正是这种力量,让中国人民在灾难面前永不屈服,永不退缩,走向明天。

阅读材料

国外媒体对中国应对汶川地震的评价

所有这些看到的和没看到的,都说明了同一个事实:中国在进步,中国政府在进步,中国人的素质在进步,中华民族在灾难面前所表现出的民族精神在升华。今天,我们可以说,在惨烈的地震废墟中站起的是一个大写的“中国人”。

——法国《欧洲时报》

目前,中国人民正在执政党和政府的坚强领导下,众志成城,奋起抗灾。香港、台湾、澳门和海外的华人及团体,也都马上行动起来,伸出援助之手。中华民族在危难关头显示出的超强凝聚力,凸显出这个伟大文明和文化的高尚精神、气节和境界。

——新加坡《联合早报》

热爱祖国是发展社会主义市场经济的客观要求。发展社会主义市场经济是我们党在推进改革开放和社会主义现代化建设中作出的重大战略决策。现在,我国的综合国力虽然大幅提升,但是需要继续推进改革开放进程,发展和完善社会主义市场经济,建立健全各项有利于社会主义市场经济发展的规章制度,优化市场经济发展环境,以保证我国经济健康持续发展,保持强大的生机与活力。在这一过程中,我们必须大力弘扬和发展爱国主义、集体主义精神,推进社会主义精神文明不断进步,不断催生和发展与社会主义市场经济相适应的、适应时代要求和民族未来的新的优秀的思想道德。同时,积极防止和抵制由于市场经济自身缺陷和消极因素带给人们的诸多不良影响。对于一些人理想信念动摇,拜金主义、享乐主义、极端个人主义有所滋长,以及道德失范、世界观、人生观、价值观扭曲的社会现象,对于为了追求个人私利不惜一切代价损人利己甚至危害国家和社会的行为,我们必须坚持以爱国主义的立场予以审视,并以爱国主义要求自己,既要坚持我们党一贯倡导的思想道德传统,体现与社会主义市场经济相适应的新的思想道德观念,也必须正视和切实解决个人生活和国家政策存在的现实突出问题,用中国特色社会主义固有的政治优势抵御西方自由主义思潮的消极影响,加强社会主义道德建设,加强爱国主义教育,保证社会主义市场经济平稳运行和健康发展。

爱国主义有利于巩固和发展社会主义。只有社会主义才能救中国,只有中国特色社会主义才能发展中国,无论是物质贫穷还是精神贫穷都不是社会主义。新中国从建立至今,已过甲子之岁,我国的物质文明建设已取得了巨大进步。截至到2012年1月,国家统计局公布的2011年重要经济数据显示:我国GDP总值471564亿元,比上年增长9.2%。我国经济发展年GDP增长率连续8年不低于8%,创造了世界经济发展史上的一个奇迹。事实已经证明,大力弘扬爱国主义精神有利于巩固和发展社会主义制度,有利于人民群众生活水平的尽快提高。与之相对应,只有人民群众得到了实惠,过上了幸福生活,才能对社会主义制度和民族前途充满信心和期望,对生活充满热爱,进一步积极拥护社会主义制度,为中华民族伟大复兴提供坚实保障。

阅读材料

姚景源:建国百年之时,人均 GDP 将达 2.5 万美元

国家统计局总经济师姚景源指出,建国百年之时,人均 GDP 将达 2.5 万美元。新中国成立 60 年,世界发生了翻天覆地的变化。我国经济总量占世界的比重不断提高,2008 年已达 6.4%,经济总量位居世界第三位,人均国内生产总值达到 3000 美元以上。当前,席卷全球的金融危机正在改变全球的经济格局。中国经济上半年保持了 7.1%的增长率,已经名副其实地成为世界经济复苏的领跑者。

——载于《人民日报》海外版,2009 年 10 月 10 日

爱国主义有利于促进精神文明建设。从新中国建立至今,党和政府紧紧抓住精神文明建设不放松、不动摇,在不断提高人民群众物质生活质量的同时,也不断丰富人民群众的精神文化生活,积极发展社会主义先进文化,不断提升国家文化软实力,以文化的力量推动国家的前进。2010 年,中国的综合国力跃升至世界第七位,这一成就体现了全国上下建设祖国的决心和能力,体现了社会主义制度的优越性,也充分说明爱国主义精神能够巩固社会主义、发展社会主义。

拿什么爱你,我的祖国

培养爱国情感

每一个公民都应当以热爱祖国、报效祖国为最大光荣,以危害祖国利益、民族尊严为最大耻辱。孔子认为,君子修为需要达到“圣人”之境,而圣人之治则要做到修身、齐家、治国、平天下,这是君子的眼界和心胸的广度与深度。个人在处理和他人及社会的关系时,应该心怀天下,充分认识到国兴家兴、国亡家灭、民富国强、民弱国疲,家国一体。现时代,国家需要培养全国人民对祖国大好河山、优秀历史文化和优良人文传统的挚爱情怀,要教育每一位社会成员把个人命运同祖国的前途和命运紧密地联系在一起,与祖国同呼吸、共命运,培养他们强烈的民族自豪感、自

尊心和自信心，鼓励他们为实现祖国的独立、富强、统一而英勇奋斗。

因此，必须在全社会范围内大力开展各种形式的爱国主义教育，帮助人民群众树立热爱祖国、热爱人民、热爱社会主义、热爱中国共产党的高尚品质。弘扬和践行“以热爱祖国为荣，以危害祖国为耻”的社会主义荣辱观，鼓励人们做一个对社会和历史有担当、负责任的中国公民。爱国主义教育不仅要在课堂中展开，也要借助发达的通讯网络传播等方式达到潜移默化的效果。例如，中央电视台于2002年10月首次启动“感动中国”年度人物评选活动，这是国内媒体第一次以“感动中国”为主题评选年度人物，它以评选出当年度具有震撼人心、令人感动的好人好事为主打内容，每年从社会各行各业推选出十位优秀代表人物。这些先进人物，或坚持奉献爱心，或默默爱岗敬业，或以个人的行动代表社会发展的方向和人类文明的进步，他们的行为和精神是“热爱祖国”最好的诠释。“感动中国”栏目至今已走过十年历程，在全国产生了巨大影响，体现了全新的爱国主义教育理念和方法，在全社会范围内极大地促进了爱国主义精神等优秀思想道德品质的推广和传播，对人们爱国主义思想品德的培育起了积极的推动作用。

坚持理性爱国

爱国不仅仅是口号，从根本上讲，爱国在于将热爱祖国的情感转化为爱国主义行动。一个真正的爱国者，就是一个对祖国心怀忠诚和充满热爱之情并坚决维护祖国利益的实践者，就是一个维护民族团结、促进祖国统一的实践者。需要指明的是，做事情要靠激情的头脑而不是头脑的激情，爱国要用合理正确的方式与行为来表达，否则，好心可能会办坏事，甚至危害到祖国的利益。2008年4月7日，当北京奥运会圣火抵达巴黎传递时，一小撮“藏独”分子试图用暴力手段抢夺中国残疾运动员金晶手持的火炬，但是轮椅上的金晶紧握火炬，没有让“藏独”分子得逞，用行动捍卫了奥林匹克荣誉，捍卫了国家尊严。事件之后，让人意想不到的是，法国《费加罗报》和《解放报》等主流媒体对火炬传递的报道竟然充斥着“火炬在巴黎惨败”等幸灾乐祸的色彩，这种态度引起中国人的愤怒，由此在全国引发了一场抵制以“家乐福”为代表的法国货的抗议活动。此次抗议活动虽然是出于对祖国的热爱，但不够理智，此类行为若失去控制，很可能会扰乱国家正常的经济发展秩序，导致更加严重的损失。因此，我们作为负责任的大国公民，一定要坚持理性爱国，真正做到为五星红旗添彩，为华夏大地争光。

落实个人行动

巴金一生心怀祖国和人民，他曾经深情地说道："我们的祖国并不是人间乐园，但是每一个中国人都有责任把她建设成人间乐园。"因此，每一个公民应该心系国家命运，倍加珍惜当前安定团结的大好局面，自觉维护社会稳定，积极投身本职工作，把爱国热情转化为报效祖国的实际行动。这种行动可以是伟大的，也可以是平凡的、微小的。做好本职工作，为人民服务，对社会尽责，实现自身价值。我们作为社会的一分子，应以全心全意为人民服务为宗旨，努力学习科学文化知识，辛勤劳动，与人交往诚实守信、团结互助、遵纪守法，保持艰苦奋斗的优良传统和作风，以实际行动体现爱国主义精神。我们既要学习徐本禹、高耀洁、丛飞、王顺友等普通民众的默默奉献精神，也要学习钱学森、王进喜、钟南山、袁隆平等优秀人物的时代担当意识，更要学习毛泽东、周恩来等老一辈无产阶级革命家的历史担当意识。恪尽职守，努力做好本职工作，为祖国的独立、富强和繁荣、发展默默奉献，把自己培养成为一名真正的爱国主义者。

阅读材料

用左手敬军礼的人：丁晓兵

【人物介绍】丁晓兵，入伍二十多年，武警 8722 部队政治委员，在二十多年前的一次军事行动中失去右臂。

【感动印象】这个用左手敬军礼的人，我们以他为骄傲。战时敢舍身，平时能忘我，从逆境中挣扎启程，在顺境中保持清醒。沙场带兵敢称无愧无悔，把守国门能说有骨有节。他像一把号角，让理想与激动，在士兵心中蔓延。

【颁奖词】一条臂膀，也能撑起血染的军旗，他是真的勇士。

热爱祖国要增强民族自尊心、自信心和自豪感，既不能妄自菲薄，也不能妄自尊大。关键时刻要敢于同危害祖国的行径作斗争，坚决维护国家利益，捍卫民族尊严，做一个有国格的人。邓小平在改革开放初期，针对青年思想教育和社会主义精神文明建设的实际，明确指出：一个人要有人格修养，同时也要有国格观念和国格素养。国格最本质的要求就是对祖国的热爱和忠诚，与祖国的命运息息相通，维护祖国利益，不辱祖国形象。改革开放以来，国家间的国际性交流更为密切，我国虽然取得了巨大的成就，但是由于人口众多、底子较薄，与发达国家相比还有很大差距，认识到这种差距，更有利于正确认识国情，努力建设祖国。也正是在这一方面，由于自信心的缺失，容易存在崇洋媚外的价值取向，对热爱祖国产生一种情感阻力。有鉴于此，我们在努力做好自身建设的同时，要发扬优秀的民族精神，认真学习中华五千年的历史文化，掌握传统文化的精髓，"海纳百川"、"自强不息"、"厚德载物"，养成对民族和国家的信任感和归属感。我们既不能夜郎自大，也不能推崇民族虚无主义，而是应该根据时代要求，继承和发扬中华民族优秀传统文化，"一片丹心耀中华"，用中华民族精神激励一代代中华儿女，使中华民族永远立于不败之地。

俄国教育家苏霍姆林斯基曾经指出："热爱祖国，这是一种最纯洁、最敏锐、最高尚、最强烈、最温柔、最有情、最温存、最严酷的感情。一个真正热爱祖国的人，在各个方面都是一个真正的人。"优秀的中华儿女"以热爱祖国为荣，以危害祖国为耻"，祖国在我心中，祖国利益高于一切。大力弘扬爱国主义是当代中国公民必须履行的义务，是每一位有责任心的中国公民应尽的职责。热爱祖国不是纸上谈兵，而是一个"知行合一"的道德规范，热爱祖国体现在我们日常生活的点滴行动中。我们处在一个伟大的时代，我们拥有伟大的人民，身为炎黄子孙，我们为自己生于这片美丽的土地而自豪，长江、黄河哺育了我们。我们应该为她骄傲，为她自豪，并为她的强大而努力拼搏，因为"我是你的，我的祖国！都是你的，我的这心、这灵魂；假如我不爱你，我的祖国，我能爱哪一个人？"

俯首甘为孺子牛
——以服务人民为荣,以背离人民为耻

人的生命是有限的,可是,为人民服务是无限的,我要把有限的生命,投入到无限的为人民服务之中去。

——雷锋

每年3月5日,以“学雷锋日”为契机,全国上下都会积极开展形式多样的志愿者服务活动,以弘扬雷锋精神,将雷锋全心全意为人民服务的品质继续传承下去,发扬光大。

学习雷锋当然不是照搬雷锋一生的所作所为,而是要学习雷锋精神的价值核心——全心全意为人民服务的精神品质,并且将这种精神贯穿于我们的一言一行和学习、工作、生活中,时时刻刻用它来提醒自己,要求自己。雷锋已经成为过去,但是雷锋精神将因为后来人的传承而长存。全心全意为人民服务是社会主义社会对每个党员干部的要求,对每个公民的要求。服务人民贵在平时,贵在自觉,贵在坚持,让服务人民成为全体社会成员行动的共同标准,并成为社会主义社会的时代风尚。

大爱无言,默默奉献

“为人民服务”是适应时代要求而产生的一种新的道德思想。这句话出自毛泽东在中央警备团追悼张思德会上的演讲。毛泽东在演讲中说:“我们的共产党和共产党所领导的八路军、新四军,是革命的队伍。我们

这个队伍是完全为着解放人民的，是彻底地为人民的利益而工作的。”邓小平进一步发展了毛泽东“为人民服务”的思想。改革开放以来，他明确指出：人民满意不满意，人民高兴不高兴，人民赞成不赞成，应当成为检验我们一切工作的标准。我们党在新时期所提出的“三个代表”重要思想，其中之一，就是中国共产党要始终代表最广大人民的根本利益，深刻表明中国共产党是全心全意为人民服务的党，是为了谋求人民的根本利益而努力奋斗的党。在建设有中国特色社会主义社会的新时期，全心全意为人民服务是社会主义道德核心内容的高度概括，也是公民道德的基础要求和基本规范。是否服务人民，是否从人民的根本利益出发，是判别不同个人、团体和政党先进与否的根本标准，也是判断一切政党、集团和个人在历史潮流中荣辱进退的价值尺度。

“以服务人民为荣，以背离人民为耻”，必须弄清楚两个问题：第一，人民是谁？在当代中国，人民是指千千万万热爱祖国、维护国家统一和为中华民族复兴而艰苦奋斗的广大人民群众，是作为国家和社会主人的工人、农民和知识分子等最广泛的群众大联合。第二，谁来为人民服务？我国是社会主义国家，每一位公民既是国家和社会的主人，又是劳动者和服务者；既享受他人的服务和劳动成果，又为他人提供服务和劳动成果。鲜明的主人翁地位，要求公民在享受权利的同时，也要承担起服务他人与奉献社会的义务和责任。那么，对于党员干部和普通公民来说，服务人民意味着什么呢？

党员干部的大爱与担当

对于共产党员来说，服务人民就是大爱无言，默默奉献。对自己的工作满怀热情和希望，对周围的同事、朋友和邻居充满和善与友爱，热爱祖国的一草一木，时时刻刻将这种大爱放在心中，在日常工作和生活中，坚持做好力所能及的每一件事情，力争做到最好。没有对社会和他人充满大爱的人是很难为他人、为社会付出和服务的人，在他们眼中只有索取，没有奉献。有爱才会有付出，才会将服务人民的宗旨时时刻刻牢记于心，践之于行，在时间的累计中，用平凡去成就不平凡，让普通成为不普通。

阅读材料

服务人民,天经地义——郭明义

"30年来,我经历了很多,但我的信念一直很明确:一个共产党员,要为党、为国家、为人民的事业奉献自己的一切,这是天经地义的,不需要任何理由!"郭明义是这样说的,也是这样做的。郭明义作为一个普通的共产党员,入党30年来,他时时处处发挥先锋模范作用,在每一个平凡的工作岗位上都取得了突出的业绩。从1996年开始担任采场公路管理员以来,他每天提前2个小时上班,15年中,累计献工15000多小时,相当于多干了5年的工作量。他20年献血6万毫升,是其自身血液的10倍多。1994年以来,郭明义先后资助了180多名特困学生。

郭明义,这位普通的共产党员,始终牢记党的宗旨,情系群众,竭诚为民,始终坚持以高度的责任心和极大的工作热情,忠于职守,兢兢业业;始终保持着共产党员的高尚情操,大爱无言,默默奉献。他在奉献中实现了自己的人生价值,用高尚的人格力量鼓舞了他人,用自己十多年的坚守给全社会树立了榜样,带给他人以力量和感动,这就是全心全意为人民服务的共产党员,这就是急群众所急、想群众所想的普通共产党员,这就是一个高尚的人,一个纯粹的人。

普通共产党员如此,那么,对于党员干部就应该有更高的要求,因为他们对于社会发展和国家进步承担着更多的责任,肩负着更重要的使命。

坚持"以服务人民为荣,以背离人民为耻",要求每个党员干部必须做到"权为民所用,情为民所系,利为民所谋",以广大人民的根本利益为工作的出发点和落脚点,为人民解决实际困难,将人民群众的困难当成自己的困难,为人民多办事、办实事、办好事,让人民群众真正感受到社会主义大家庭的温暖和实实在在的幸福感。每一位党员干部,尤其是身处重要领导岗位的党员干部,应该将全心全意为人民服务的宗旨时时刻刻谨记于心,要让所作出的每一项决定和决策真正符合以人为本、科学发展的要求,真正维护最广大人民群众的切身利益。

新中国成立六十多年来,中华大地上涌现出了一大批全心全意为人民服务的模范党员干部,他们不畏艰难,不怕险境,甚至不惜牺牲生命去服务人民,帮助群众,实实在在地为人民群众办事,这一切都只是因为他们心中有对人民的爱,肩上有对人民的责任,这种爱和责任让他们始终在为民服务这条道路上前行,至死不渝。为兰考人民的幸福生活和社会发展鞠躬尽瘁的好书记焦裕禄,"青山处处埋忠骨, 一腔热血洒高原"的援藏好干部孔繁森,为民打黑除恶、被百姓称为当代"女包公"的任长霞,退休以后继续发扬艰苦奋斗精神、为人民服务的"草鞋书记"杨善洲等人民公仆的形象将永远被人民铭记和传诵,也将永远载入中华民族光辉灿烂的史册。这些人民的好干部、好公仆,胸怀都像大海一样宽广仁慈,装着百姓的喜怒哀乐,惦记着人民的冷暖安危,虽然他们身居高位,却心静如水,像一面波平如镜的湖,不为谋一己私利而动贪念和邪念,视名利和感官享受如草芥,自甘淡泊,坚持高洁的人格和风范,不随波逐流,不自甘堕落,以"咬定青山不放松"的执着和"我自岿然不动"的坚定,全心全意造福百姓,这些时代英模为中华民族的复兴奉献了一生的心血,感天动地,其精神必将光照千古,为后人所感念和铭记。

普通公民的默默奉献

"以服务人民为荣,以背离人民为耻",要求每个公民脚踏实地地做好自己的工作,坚守好自己的岗位,争取做到干一行,爱一行,钻一行,精一行,做一个平凡但不平庸的人。

长期以来,服务人民是作为党的宗旨为广大党员提出来的,但服务人民不是共产党员的专利,在当代中国,服务人民应该是每个公民的责任所在,这也是弘扬和践行社会主义荣辱观的基本要求。当代社会中有一种不好的风气正在蔓延。很多人已经将服务人民置于自己的视野之外,提到服务人民就觉得自己 OUT 了。人们眼中似乎只有高工资、优待遇、好福利,房子、车子、票子成为追求的价值重点,社会已经变得很"现实",谁还有心去帮助他人、服务人民呢? 面对此种变化,我们该怎么办呢? 答案是明确的。我们每一个人在这种情况下更应该将服务人民的价值取向散播到社会中去,传递到其他人的心中,让他们知道服务人民对于社会和人类文明发展的价值所在。新中国商业战线上的精神旗帜张秉贵，在平凡岗位工作三十多年的时间里，腰板挺直地站三尺柜台，以热情和友善接待了几百万顾客，并将自己的柜台服务经验，编写成《张秉贵柜台服务艺术》，到各单位表演、讲课，听众达十多万人次，用自己心中的“一团火”温暖着每一个顾客的心，以自己的实际行动践行为人民服务的精神。张秉贵能成为“燕京第九景”，就在于他在平凡的售货员岗位上练就了令人称奇的“一抓准”、“一口清”的技艺和弘扬了全心全意为人民服务的“一团火”精神。这种在平凡岗位上默默奉献和为人民服务的精神和品质，将永远成为人们学习的榜样。

阅读材料

网友留言板——“你做过哪些服务人民的事”

dlf2325：我是一名公务员，在基层负责法制工作，我认为做好本职工作，就是一种服务人民的事情。

77piyao：我是一名售票员，按规定是八小时服务制，但是在客流高峰期，为让更多人尽快买上票、少等待一会儿，我义务加班加点。

奔牛007：为人师表，身正为范，热爱教育事业，关心爱护祖国的花朵，在教书工作中，有责任感、使命感，本职工作努力做得更好。

djxlfy：我们楼十多年供暖不足，我花了一年多时间找了多个单位，刚刚解决了问题。

玉玉吉2011：用合法的手段多赚钱——给国家纳税，为社会创造价值；用合理的方法花钱——刺激消费，带动内需。

墨露儿：去年北京大风降温第一天，我们单位大门外有一个乞丐衣食无着，蜷曲在路边长凳上，我给他买了饭，然后打电话报告当地居委会，请他们帮助联系救助机构。一个小时后，人就被接走了。

——来源：《人民日报》

所以，服务人民不在于你是谁，也不在于你是否做很伟大的事，而在于你是否有这样的心，是否有源于心底的爱，是否有一种担当，是否有点滴行动的坚持。如果你有心，有爱，有担当，有行动，有坚持，那就是服务人民。服务人民不难，难的是一直坚持下去；服务人民也不简单，简单的是只说不干，光说不练。大爱无言，默默奉献，勇于担当，也许是对服务人民的最好诠释。

赠人玫瑰，手留余香

为人民服务对党员干部来说是“权为民所用，情为民所系，利为民所谋”，对普通公民来说是“献出自己一点爱”。社会中的每个人都应该有服务人民的意识，为他人、为社会献出自己的一份爱，因为服务人民是对中华民族优良传统文化中仁民、爱民思想的继承与发展，是党的宗旨的体现，更是我们社会中每个普通公民的价值所在。

服务人民是中华民族优良传统的继承与发展

贵民、爱民思想是中华民族源远流长的优秀传统伦理道德，贯穿于中华民族几千年的文明发展史、实践史。殷商至西周时期，贵民思想就已开始萌芽。桀纣亡国的教训，使周朝的统治者看到了百姓力量的强大，并开始重视他们的力量，于是提出了“人无于水监，当于民监”和“敬德保民”的贵民思想。春秋战国时期，贵民思想得到了更加明确具体的阐述。左丘明提出“天生民而树之君”，老子提出“圣人无常心，以百姓心为心”，荀子则赞同“君者舟也，庶人水也；水则载舟，水则覆舟”的观点，墨子、管仲、商鞅等也都有类似的思想。

孟子作为儒家理论的继承者，系统地提出了贵民、爱民思想。他说：“诸侯之宝三：土地、人民、政事。”在他看来，无土地则无以立国，无人民则无以存国，无政事则难以治国，不仅诸侯的封国、天子的天下，而且一切大大小小的国家、形形色色的政府都是如此。他又说：“民为贵，社稷次之，君为轻。是故……诸侯危社稷则变置。牺牲既成，粢盛既洁，祭祀以时，然而旱干水溢，则变置社稷。”诸侯君主如果危害国家的生存，可以改立；土谷之神如果不灵，也可以变更。唯有人民是须臾不可或缺的，只有得到人民的拥护才能当上天子、诸侯和大夫，否则一切无从谈起。在君主、土谷之神和人民中，人民是最重要的，人民关系到一个国家的生死存亡,所以诸侯、君主必须重视人民,将人民放在最高位置。这些贵民、爱民思想是我们的优良传统,是以人为本理念的早期体现,为全心全意为人民服务思想的提出奠定了历史基础。

为人民服务是党的优良传统和根本宗旨

我们的党是全心全意为人民服务的政党,这是它的优良传统。纵观党九十多年的历史,这是一部成长史,是一部奋斗史,更是一部为人民献身、为人民服务的光荣史。“以服务人民为荣,以背离人民为耻”,生动再现了我们党的优良传统。一代代的共产党人,坚守着“全心全意为人民服务”、“无论职务高低都是人民的勤务员”的信念,锻炼提高党性,并用它指导实践。战争年代,奋不顾身,舍生忘死;建设和改革年代,大爱无声,竭诚为民。正因为如此,我们党才赢得了人民群众的信任和拥护。从成立那一刻起,党就将解放全中国、解放人民作为自己的目标,新中国成立以后,党又为提高人民生活水平,让人民过上小康生活而奋斗。党的发展历程说明,党的根基在人民,血脉在人民,力量在人民,党的一切奋斗和工作都是为了造福人民。无论何时,我们党都深深扎根于人民群众之中,继承全心全意为人民服务的优良传统,从而赢得了全国各族人民的拥护和支持。

阅读材料

俯首甘为孺子牛——牛玉儒

他是呼和浩特原市委书记,在呼市工作时间虽然不到两年,但因为一心为民而为当地群众感念。就在他刚上任不到三天,“非典”疫情就开始在呼市蔓延开来,在这紧要关头,他不怕疫情的传染,在四十多天的时间里,足迹遍布市区的大部分社区街巷。“非典”疫情过了,他又把精力投入到抓城市建设中去,连一点点细节都反复叮嘱。不到一年时间,呼市街头建造了许多现代化的公厕,更重要的是,那些原来拥堵的马路,几个月内被拓宽了,路畅了,城里美了。牛玉儒确实做到了勤政为民,鞠躬尽瘁,只要牵扯到人民的事情,不管大事小事,他都亲自过问,他把自己的全部都奉献给了人民,直到生命的尽头。

为人民服务也是我们党的宗旨。从成立的那天起，党就一直践行这个宗旨。胡锦涛在建党九十周年重要讲话中指出："九十年来党的发展历程告诉我们，来自人民、植根人民、服务人民，是我们永远立于不败之地的根本。以人为本、执政为民是我们党的性质和全心全意为人民服务根本宗旨的集中体现，是指引、评价、检验我们党一切执政活动的最高标准。"党的一切活动，党员的一切行动，都要围绕着为人民服务，既要以这一宗旨为目标，又要以这一宗旨为行动的立足点和出发点，只有这样，我们的党和党员才能真正成为为人民服务的人，才能真正做到为人民服务。

为人民服务是党的优良传统和宗旨，我们必须把这一优良传统和宗旨继承和坚持下去，如果谁忘记了为人民服务，以权谋私，做出背离人民群众的事情，就会遭到人民群众的唾弃，也必将受到法律的制裁。现阶段，我国现代化建设处于关键时期，经济快速发展，各种思想交汇，随之而来的是各种利益诱惑，这就对党员干部提出了更大的考验，所以，在新形势下，党员干部更应该提高自身的思想品质和道德修养，牢牢记住自己的职责所在。如果稍有放松和懈怠，就极有可能贪污腐败、以权谋私，做出背离人民的事情。原重庆市司法局局长文强就是背离人民、最终遭到人民唾弃的反面典型。这位曾在2000年因擒获中国头号悍匪而名声大噪的公安局长，却在2009年因为犯受贿罪、纵容黑社会性质组织罪、巨额财产来源不明罪和强奸罪而将自己送上了断头台。文强的落马，是他咎由自取，更是背离人民的必然结果。背离人民的人，必将遭到人民的抛弃。

服务人民是个人价值提升和实现的途径

"认识你自己"，这是镌刻在古希腊宗教中心戴尔菲阿波罗神庙上的一句箴言，这句箴言深深地影响了人们，在那之后，人们开始将视野转向人类自身。匆匆岁月，稍纵即逝。每个人的一生都只有短短几十年，在这短暂一生中，我们存在的意义在何方？存在的价值在何处？我们又怎样来实现和提升自己的自我价值？每个人都在追求自己活着的价值，但是衡量个人价值并不是看他从社会、从他人那里得到了什么，而是看他为社会、为他人奉献了什么。人生的真正价值在于对社会的奉献，在于服务人民群众。因为个人对社会的奉献，对他人的付出，是社会存在和发展的前提基础,同时也是将个人与社会紧密联系起来的途径。一滴水怎样才不会干涸?将它放入大海之中;一个人怎样才会有价值?将个人奉献给社会。我们都是平凡而普通的个体,能为社会发展贡献一份力量,为社会添砖加瓦,让自己的价值融入社会之中,这是一种幸运,更是一种责任。服务人民,奉献社会,是将这种幸运和责任发挥到极致。雷锋说:“人的生命是有限的,可是为人民服务是无限的,我要把有限的生命投入到无限的为人民服务之中去。”雷锋用自己的一生践行为人民服务的宗旨,奉献社会,最终实现和提升了自己的人生价值。李素丽“用真诚的笑脸、热情的话语、周到的服务、细致的关怀”在平凡的工作岗位上全心全意为人民服务,在日常生活中诠释了什么是为人民服务,诠释了自身价值所在,诠释了普遍共产党员的奉献精神。“能对社会有所奉献,能对他人有所帮助,我感到很快乐。”感动中国的大爱歌手丛飞是这样说的,也是这样做的。他默默资助那些需要帮助的人,成为183个孩子的父亲,这种快乐是赠人玫瑰后留下的那缕芳香,是无法用语言表达的幸福感,更是一种自我价值的提升。

把我的爱,带回你家

主人喂养了一只黑猫,同时又设置了捕鼠夹。黑猫一见,心中老大不满,叽叽咕咕地发牢骚:“既然委我以捕鼠重任,为什么又设置捕鼠夹呢?还不是对我的捕鼠能力不信任!”主人解释道:“设置鼠夹,是为了更好地配合你工作呀!”“不!”黑猫说,“这是对我的讽刺,我不愿在一个屈辱的环境里工作!”

于是,它离开了旧主人,又找了一个新主人。“欢迎你来这里工作!”新主人对它说,“这样,我们的捕鼠力量就壮大了!来,先认识一下你的伙伴。”原来,主人家里已经有了一只黄猫!黑猫非常失望,它认为新主人已经有了一只猫,不会对它再重视了,就决定出走。

“既然人人都不重用我,我何必非得替他们服务呢?”黑猫决定到野外去当野猫。黑猫到了野外,竟发现猫头鹰和蛇都是捕鼠能手,并且常常胜它一筹。

黑猫悲哀极了："唉，我的捕鼠才能处处受到限制啊！在家里不被重用，到野外也难以施展抱负，我还有什么脸面活在世上呢？"

上面这个故事告诉我们一个道理：黑猫忘记了自己唯一的价值就是捕鼠本身，捕鼠就是在为他人付出，为社会奉献，而与环境无关。

当今社会，部分人也有类似于这只黑猫的想法，认为自己所处的环境束缚了自己才能的发挥，阻碍了为社会奉献、为他人付出的途径。也有部分人认为，服务人民是很崇高、很伟大的事情，所以做出来的事情一定是同样伟大的，其实这是对服务人民的误解。服务人民不在于做了多伟大的事情，从身边做起，从小事做起，从你我做起，坚持下去，就做到了服务人民。服务人民，其实很简单，关键是你要懂得付出，懂得关爱他人，懂得自己的职责所在。

人人献出一点爱

"只要人人都献出一点爱，世界将变成美好的人间"，这句歌词道出了服务人民最朴素但也是最珍贵的做法。服务人民不需要华丽的外表，不需要隆重的形式，不需要空洞的口号，更不需要伪善的行动，它只需要兢兢业业，用自己的行动去证明；只需要实实在在，用自己的爱去奉献；只需要真真切切，用自己的心去体会。服务人民不在于别人怎么看，别人怎么说，而在于自己的心，在于发自内心的爱，在于你对爱的付出。"爱"，一个看似简单的字，真正做起来却需要很大勇气。如果你不计较那么多，不考虑那么多，始终拥有一颗感恩的心，那么付出你的爱就变得简单明了。卖烤羊肉串的爱心巴郎——阿里木就是怀着一颗感恩的心将自己的爱洒向更多的需要帮助的人，他用自己的辛苦钱给孩子们带去了书包，带去了继续上学的机会；他用自己的爱给贵州的贫困孩子、给每个中国人带去了一份温暖，一份感动，也带去了一片光明，这片光明会带动更多的人去献出自己的爱，用爱去温暖人间。付出爱，就是服务人民，所以请不要吝惜你的爱，让我们每个人都携起手来，献出个人一点爱，让世界变成美好的人间。

学习雷锋好榜样

“学习雷锋好榜样”，这一支耳熟能详的歌曲为几代人所传唱。我们知道雷锋其人，我们倡导学习雷锋精神，我们寻找现实生活中的“雷锋”，但是“学习雷锋好榜样”对很多人来说确实是一道难题，这难题不在于题本身，而在于做题的人。要将这道难题变得简单，就需要做题的人加强自身思想水平和道德修养，提高自身能力，做一个有能力为人民服务的人。服务人民，就要像雷锋那样一心一意为人民，就要像雷锋那样不计付出为人民，就要像雷锋那样把自己的一生都奉献给党，奉献给国家。当代的“雷锋”很多，焦裕禄、吴金印、孔繁森、张鸣岐、汪洋湖、郑培民、任长霞等，廉洁从政、艰苦奋斗、尽职尽责、鞠躬尽瘁，他们都是受雷锋精神的影响在生活中、工作中将自己的一切都交给了人民。正是因为有这么多的身边的“雷锋”，中华之魂为此依然令人动容，中国脊梁为此依然挺立。现实生活中，很多人有服务人民的意识和想法，但是找不到方向，没有目标，这就需要发挥榜样的力量，跟着榜样走。因此，我们要挖掘生活中的“活雷锋”，树立良好的形象和榜样，让榜样带动更多的人加入到服务人民这个队伍中来。服务人民，需要树立榜样，需要榜样无穷的力量。

营造社会服务潮

服务人民还需要社会的推动作用。良好的社会风气会感染你我，从而将服务人民的观念深入群众内心，服务人民的行动就会随处可见。良好的社会风气会影响人们的生活，使整个社会形成一种凝聚力、团结力和向上力，生活在其中的人们也会感染到这种力量，逐渐将自己融入到这样的社会风气中来，这就形成了良性循环。为营造良好的社会风气，我们需要开展各种各样的志愿者活动，各种服务性活动，“三下乡”活动等，形成服务人民的热潮，让整个社会都形成服务人民的好风尚，人人讲服务，处处讲服务，时时不忘服务，在这样的社会风气下，服务人民一定会在群众中形成互相感染、互相学习的局面，服务人民将更加广泛和深入。

全心全意为人民服务，让你我更美丽，让世间更温馨。

科学武装自由身

——以崇尚科学为荣，以愚昧无知为耻

科学是我们时代的神经系统。

——高尔基

一个苹果的故事

有一天，当牛顿在花园的苹果树下思索问题的时候，一个苹果落到他的脚边，虽然这次苹果下落和以往无数次的下落没有什么特别之处，但却引起了善于思考问题的牛顿的注意。他从苹果落地这一理所当然的现象找到了苹果落地的原因——引力的作用，这种来自地球的无形的力拉着苹果往下落，正像地球拉着月球，使月球围绕地球运动一样。这个故事告诉我们，独立思考的能力和对待生活的科学态度是进行科学研究和创造发明的必备要素。纵观历史上任何一个伟大艰辛的科学创造和发明，都和创造发明者独立深入地思考和探索分不开。

崇尚科学、反对愚昧的历史传统

中华民族具有崇尚科学、反对愚昧的历史传统。中国先民在数学、天文历法、医药、工艺制造等方面的成就自古就领先世界，曾经书写了人类文明史上光辉灿烂的一页。

二百多万年前的黄土地上，有一群华夏先民从最简单的采集和渔猎开始，利用火、保存火，手持石斧、石铲和弓箭艰难地从远古一步步走来。

待到圣王辈出,“三皇五帝”以超人的智慧去挖掘科技的力量,开始带领华夏先民在这片广袤富饶的土地上繁衍生息。这些积极进行科技发明的故事和传说不仅有燧人氏钻火送光明的温暖,也有伏羲一画开天地、间推象数探天始的神奇,还有百草有情无人问、神农首尝济苍生的大义,等等。

步入商周奴隶制社会之后,先进的青铜冶炼技术,不断取得进步的天文历法为农业生产的腾飞提供了坚实动力。春秋战国的纷争进一步刺激各国发展先进的工艺技术、冶铁技术、水利灌溉技术,这些技术进步促进了农业文明,都江堰水利工程就是中国人带给世界的一份科技惊喜。

步入封建社会之后,大一统的社会为科学技术的发展提供了良好的外部环境。汉朝“代田法”、“区种法”的推广有效地增加了粮食产量,《氾胜之书》基本奠定了古代农业传统的作物栽培理论;张衡发明的地动仪、浑天仪代表着天文地理知识的新突破;造纸术、印刷术传承了文明,指南针扩大了视野,火药增加了征服自然的力量。直到现代社会,谁也无法估量中国的“四大发明”给人类文明进步带来的价值和意义。英国著名科学史家李约瑟花费近五十年心血写就的《中国科学技术史》,全面、系统地论述了中国古代科学技术的辉煌成就及其对世界文明的伟大贡献。面对灿烂与辉煌,他由衷发出了“中国文明在科学技术史上曾起过从来没有被认识到的巨大作用”,“在现代科学技术登场前十多个世纪,中国在科技和知识方面的积累远胜于西方”的感叹。

然而,中国的科技脚步自近代以来放缓并停滞,面对西方的坚船利炮,中华民族开始了一段苦难历程。但是,“国破山河在,精神犹自存”!优秀的中华儿女并没有因为外敌的入侵而自暴自弃,依然保持着一种追求真理、崇尚科学的精神试图拯救民族的苦难。1894 年,思想家严复引用达尔文的“物竞天择”进化论原理,号召国人学习西方科学技术和文化才能保种存族。1915 年陈独秀在《新青年》上发表《敬告青年》警示道:“国人而欲脱蒙昧时代,修为浅化之民,则急起直追,当以科学和人权并重。”1919 年,他进一步指出:“现在世界上有两条道路:一条是向共和的科学的无神的光明道路,一条是向专制的迷信的神权的黑暗道路。”这些主张旗帜鲜明,气势磅礴,以他为代表的知识分子希望积贫积弱的中国及其国人能够摆脱封建迷信的精神枷锁，运用民族智慧再创历史辉煌。

进入新民主主义阶段，以中国共产党为代表的中华民族在为实现民族独立、民族解放、推翻帝国主义等三座大山的新民主主义革命过程中一刻也没有停止过对科学真理的探求，一刻也没有放弃过对国民科学思想的改造。延安时期，毛泽东在《新民主主义论》中提出“民主的、科学的、大众的”新民主主义文化纲领，就是中国共产党人崇尚科学、反对愚昧的鲜明体现。新中国成立以后，中央提出“向科学进军”的号召，中国人民在极其困难的条件下，完成了一系列举世瞩目的科技成就，在农业育种、国防高精尖技术、地方及流行性疾病防治等方面成效显著。尤其是改革开放三十多年来，党和政府积极推进各级各类国民教育，全力培养面向未来的“四有新人”，提出“科教兴国战略”，建设“创新型国家”，把发展科学事业、提高人民科学文化水平作为推动国家全面发展和社会和谐的正确选择，就是我国重视国民科学素养培养的最好例证。

科学使人进步，迷信使人落后

推动科学进步，提高人们的科学文化素质，是民族复兴、社会进步的根本。一个国家要走向现代化，其社会成员必须首先具备科学的头脑和素养，必须实现科学技术的重大突破。新中国成立六十多年来，党和政府高度重视科学技术的创新和发展，积极推动科技事业迅猛发展，领导全国人民不断破除封建迷信，解放思想，推动我国科学技术水平不断提高，人民群众科学文化素质不断提高，取得了一系列举世瞩目的成就。“两弹一星”、载人航天、杂交水稻、高性能计算机、基因工程研究、青藏铁路等成就极大地展现了我国的综合科技水平，提高了国际地位，振奋了中华民族精神。这些成绩的取得，正是人们尊重科学、相信科学、运用科学的结果。但我们也要清醒地看到，在这个过程中，始终充满着科学和迷信的较量。

上世纪90年代末，以李洪志为首的“法轮功”邪教分子打着科学的旗号，以练功为手段，以“渡人”为目的，传播歪理邪说，蛊惑人心，在各种场合为信徒“输血打气”，宣称自己是天神的儿子，救苦救难于百姓，同时发布反党、反社会主义言论。不明真相的群众由于盲目信任“法轮功”，听信谗言，走火入魔，由起初练功护体，最后发展到自焚自杀，并在国内外反华势力的支持下，聚众闹事，攻击社会主义制度和中央人民政府，肆意制造更大的社会混乱，以达到不可告人的政治目的。很多无辜群众为此上当受骗，导致一幕又一幕的人间悲剧发生，给我国社会主义建设事业和人民生命财产带来巨大损失。

阅读材料

凋零的花朵——刘思颖

农历除夕，正当千家万户忙着挂灯笼，贴春联，欢欢喜喜迎接新世纪第一个春节的时候，几名“法轮功”分子却在李洪志“升天圆满”妖言的蛊惑下，于2000年1月23日下午2时40分在天安门广场制造了一起让人震惊的自焚事件。年仅12岁的小学生刘思颖，在妈妈迷信思想的灌输下，带着李洪志所宣扬的“升天圆满”的美好愿望，和妈妈一起点燃了身上的汽油。事件发生后，虽然消防队员和医生竭尽全力，但也未能挽救她们的生命。抢救过程中，小思颖在烈火焚烧的剧烈疼痛中幡然醒悟，说出了令所有迷信“法轮功”的人极为震惊的话：“妈妈骗了我！”可是，花样年华的逝去并没有唤醒其他的迷信群众，直到今天，仍然有部分群众深受“法轮功”毒害，祈求“天神”把自己带往极乐世界，给我国的社会稳定和人民生命安全带来巨大隐患。

在科学技术飞速发展的今天，愚昧迷信只会麻痹我们的思想，瓦解我们的斗志，动摇我们的信念，破坏我们的凝聚力。那么，导致此类情况不断出现的根本原因是什么呢？那就是对科学不够了解，对迷信危害认识不够清楚，所以，崇尚科学、反对愚昧迷信应该引起每位社会成员的重视。

被誉为“反伪科学斗士”的中科院院士何祚庥1999年在武夷山做了一场关于“崇尚科学、反对迷信”的报告会，揭批了李洪志的歪理邪说，以大量事实揭露了“法轮功”组织利用封建迷信宣扬邪教、祸国殃民、破坏稳定的反动本质，教育广大人民群众充分认识崇尚科学就必须破除迷信,提高对愚昧迷信活动的辨别、抵御能力。愚昧的封建迷信思潮的核心就是“造神”,我国虽然已经取缔了“法轮功”等非法组织,但是要痛定思痛,吸取教训,要彻底铲除“法轮功”在中国滋生的土壤,提高警惕,及时识别和揭露像李洪志那样的“神”,以崇尚科学为荣,破除迷信思想,我们的社会才会安定,世界才会太平。

倾听时代的脚步——科学技术是第一生产力

改革开放三十多年来,我国发生了翻天覆地的变化,社会深刻变革,经济快速发展,文化思潮相互激荡,这些变化对人们的思想观念、生活方式和价值取向均产生了重大影响。科学是推动人类精神文明发展的巨大力量,没有一种思想能够像科学和科学思想那样影响到人类物质生活和精神生活的各个方面。所以,“科学技术是第一生产力”。“以崇尚科学为荣, 以愚昧无知为耻”, 主要是因为科学技术是推动社会进步的强大力量。人类社会发展的历史表明:科技发达,则国家繁荣,民族昌盛;科技落后,则国家衰弱,民族受辱。欧美发达资本主义国家的历史,就为我们清晰地展示了科学技术对一个国家和民族发展的重要作用。

英国哲学家弗朗西斯·培根不仅发出了“知识就是力量”的号召,还亲自参与组建了“所罗门之宫”科学研究机构。英国政府也采纳了培根的建议,在 1662 年成立了英国皇家学会,该学会先后涌现了牛顿、波义耳、惠更斯等一大批杰出的科学家,由此也为英国第一次产业革命的发生奠定了雄厚的人力基础。工业革命中科学技术对生产和社会表现出的巨大推动作用,是英国在各个方面走在世界前列的基础保证。

当英国科学技术走在世界前列之时,法国人开始奋起直追。法国政府大力发展科学教育,培养高层次的科技人才,同时还任命了一大批科学家作为政府官员,极大地提高了科技人员的地位。法国政府的这些政策和措施起到了很好的效果,出现了拉瓦希、库伦、达朗贝尔、傅立叶等著名的科学家,在数学、化学、天文学、热学等方面取得了显著成效,使法国成为继英国之后第二个实现产业革命的国家。

当英国工业革命取得极大成功的时候,德国还是一个极为落后的农业国家,在看到英国取得的成绩后奋力直追。德国首先在大学创立“导师制”,开始培养研究生,把教学和科研结合起来。大学的改革和研究院的建立,使德国的科学技术得到了迅速发展。经过近半个世纪的发展,德国成为继法国之后新的世界科学中心。由此可见,德国之所以在四十年间完成了英国一百多年的业绩,实现了工业化,原因在于科技力量帮助他们实现了跨越。

美国从建国之初就非常重视科学技术。1860 年以前,美国社会经济依然相当落后。但是,在 1860 年—1890 年的三十年间,美国通过工业技术革命使产值上升了 9 倍。因为科技革命的带动,1880 年,美国成为西方第二大经济强国。到 1890 年,成功跻身为世界经济霸主。

和西方国家相比,日本原来是一个落后的封建岛国,但是“明治维新”发出了“求知于全世界”的号召,确立了“科学技术立国”的战略方针,积极从教育改革着手提高国民文化素质,学习西方先进科学技术;通过四十多年的积累,日本也顺利成长为与欧美列强相对抗的经济强国。

20 世纪 60 年代以来,亚洲“四小龙”经济飞速发展,先后实现了工业化。这些国家和地区有一个共同的特点,就是重视教育,重视科技人才的培养和开发,不断加大对教育的投资,促进全民文化素质的提高。有人认为,“四小龙” 经济腾飞最主要的原因就是积极融入第三次科技革命,利用先进科学技术推动经济发展,实现了社会进步。

科学引领美好人生

国际竞争的新内容

崇尚科学是民族强盛、经济发展的前提。21 世纪是科学技术的时代,一个国家经济的发展、综合国力的增强、在国际竞争中立于不败之地,都与科学技术和教育事业密不可分。自从第三次科技革命发生以来,科学技术较之以往越来越向有形的物质财富转化,对社会物质财富的增加发挥着日益重要的作用。劳动工具日益与科学技术相结合,生产力水平不断提高,创造出了更多的社会财富。“科学技术密集型行业”或“知识密集型行业”比“劳动密集型行业”和“资本密集型行业”增长更快,生命力更强。知识密集型行业就是不需要投入大量的物质、能源等,而主要依靠科学技术信息和经济信息去创造财富。科学技术使得传统的技术更加高效、精密、连续和自动化,其中电子计算机这种新技术的运用最为引人注目。由电脑控制的机器人开始把人们从很多重复性和有害性的劳动领域中解脱出来，同时也使信息传递更为快捷，使得生产管理和社会管理效率大为提高。

胡锦涛总书记曾经指出，世界范围内生产力、生产方式、生活方式、经济社会发展格局正在发生深刻变革，培育新的经济增长点、抢占国际经济、科技制高点已经成为世界发展大趋势，科技竞争在综合国力竞争中的地位更加突出。当今世界，科学技术作为第一生产力的作用日益突出，科学技术作为人类文明进步的基石和原动力的作用日益凸显，科学技术比历史上任何时期都更加深刻地影响着经济发展、社会进步、人民幸福。

一个国家的科技竞争力决定了其在国际竞争中的地位和前途。因此，面对世界经济、科技发展的新形势，我们必须准确判断并牢牢把握，紧密结合我国国情，切实推动以人为本、全面协调可持续的科学发展，坚定不移地走生产发展、生活富裕、生态良好的文明发展道路。

国家强大的原动力

崇尚科学、推动社会进步的历史，同时也是科学技术进步的历史。科学技术的发展是国家强大的动力和源泉。一个国家的现代化，必须首先表现为科学技术的现代化。在我们这个拥有13亿人口、56个民族的发展中国家，要想推动中国特色社会主义事业，实现全面建设小康社会的宏伟目标，既要巩固马克思主义意识形态的指导地位，同时也要确立崇尚科学、反对愚昧的价值准则和行为规范，形成维系社会和谐的精神纽带和道德风尚。我们的社会呼唤“崇尚科学、反对愚昧”，虽然总体上来讲，崇尚科学、反对愚昧是我国当前社会精神风貌的主流，但社会上也确实存在着一部分人不明是非，把庸俗当高尚，把谬误当真理的不文明现象，这种现象与社会主义道德要求格格不入，与现代文明风尚极不协调，因此必须予以高度重视。

胡锦涛总书记在《高举中国特色社会主义伟大旗帜　为夺取全面建设小康社会新胜利而奋斗》的报告中提出，科学发展观第一要义是发展，核心是以人为本，基本要求是全面协调可持续，根本方法是统筹兼顾。这为我们进一步指明了推动中国经济改革与发展的思路和战略，明确了科学发展观是指导经济社会发展的根本指导思想，标志着中国共产党对于社会主义建设规律、社会发展规律、执政规律的认识达到了新的高度，标志着我们对马克思主义和中国国情的认识取得了新进步，达到了新阶段。践行科学发展观，要求我们崇尚科学，反对迷信和愚昧；只有崇尚科学，才能真正落实科学发展观，坚持用科学发展观武装头脑，一心一意谋发展，全心全意造福人民。

让中国以及世界为之骄傲的中国工程院院士袁隆平是当前时代我国崇尚科学的典范。他在杂交水稻培育方面为世界粮食安全作出了杰出贡献，该技术的发明和应用增强了我国在国际上的影响力，也充分说明科学技术是国家强大的原动力。

阅读材料

杂交水稻之父——袁隆平

袁隆平，1930年生于北平（今北京），江西省德安县人，无党派人士。中国杂交水稻育种专家，中国工程院院士、美国科学院外籍院士、联合国粮农组织首席顾问、世界华人健康饮食协会荣誉主席，被世界同行誉为“杂交水稻之父”，有“当代神农氏”之称，他为我国和世界粮食安全作出了巨大贡献。

中国如何用占世界7%的土地，养活占世界22%的人口，是摆在当前中国政府面前的棘手难题。袁隆平以科学家朴素的情怀为我们很好地解决了这个难题。有人说，中国有九亿农民，袁隆平一个人，相当于干了两亿农民的活。也有人预估，他的种子共创造效益5600亿美元，是真正的世界首富。目前，美国、日本、菲律宾、巴西、阿根廷等一百多个国家纷纷引进杂交水稻，随着在世界各国试验试种，杂交水稻已经越来越产生出更大的效益造福人类。国际水稻研究所所长、印度前农业部长斯瓦米纳森博士高度评价说：“我们把袁隆平先生称为‘杂交水稻之父’，因为他的成就不仅是中国的骄傲，也是世界的骄傲，他的成就给人类带来了福音。”

人民幸福的新指标

一个国家科学的发展水平和普及状况，直接关系到一个国家的公民素质和社会的文明程度。科学素养水平低下的国家和地区，常常伴随着愚昧无知、社会动荡。只有崇尚科学，才能强国富民。民族要自立，国家要强盛，必须大力倡导崇尚科学，反对愚昧无知。新中国成立六十多年来，我国科技事业取得了令人瞩目的成绩，各项高、精、尖技术领域的突破，“863 计划”、“211 工程”、“985 工程”等科技、教育领域重大战略的相继实施，极大地增强了我国的综合国力，振奋了民族精神，增强了人民的自豪感和幸福感，为中华民族复兴奠定了坚实的物质基础和精神基础。

大量事实证明，没有健康的社会风气，没有良好的道德水准，一个国家的经济再发展，人民的幸福指数也不会太高。所以，必须把“以崇尚科学为荣，以愚昧无知为耻”作为社会主义荣辱观的重要内容之一，使其成为每个当代公民为人做事的行为准则，使其成为全民族共同的思想信念。今天，我们正处在全面建设小康社会的关键时期，而提高科学素养则是影响建设小康社会目标实现的关键因素，是开启小康社会大门的钥匙。崇尚科学，靠科学来实现经济、社会和人的不断全面发展，坚决摒弃各类迷信愚昧思想，让科学成为主导社会发展和个人进步的潮流和取向，用科学充实人们的文化内涵和道德底蕴，使科学精神成为重要的人格品质，这样才能激发出全社会的创新能量。

如何做好“赛先生”

优化创新科研环境

温家宝总理在全国人大十一届四次会议记者招待会上曾经谈到科技教育投资的问题。他说：“有两个数字比 GDP 更重要，一是教育经费占国民经济的比重；一是研发经费占生产的比重。这两条决定了民族和国家的创新力量，这才是最有力、最长久、最可靠的发展因素。”

鲁迅也说：“天才并不是自生自长在深林荒野里的怪物，是由可以使天才生长的民众产生、长育出来的，所以没有这种民众，就没有天才。”鲁迅的意思是说，未有天才之前，先要培养生长天才之树的社会土壤 。因此，必须开创出全民尊重科学、崇尚科学，以科学方法、科学技术、科学眼光、科学战略等为指导的全新的社会文化环境。

文化与自主创新密切相关,文化是创新的基石。科技部原部长徐冠华指出:“观念的创新、科技的创新、体制的创新,无不回归于文化的创新。要实现体制和科技上的创新,必须把建立创新文化当作一个重要前提。”由此可见,充分认识创新文化和创新事业的关系,努力营造创新的文化环境,是事关创新型事业和建设创新型国家的大事。

为了营造创新的文化环境,必须尊重科学家和科研人员在创新项目上选择的自主性,并且要宽容失败。我国新修改的《科技进步法》中一个显著的进步就是确立了“宽容失败”的制度。宽容失败有利于科研人员在科技创新中放下思想包袱,勇于冒险,大胆探索,攀登高峰。

促进产学研一体化

所谓企业的“产学研”一体化道路,就是将企业现有的研究成果转化为适应市场需求的产品,再把部分产品盈利投入到科研中,开发出“含金量”更高、市场适应性更强的产品,也就是“以产养研,以研促产”的企业经营方式。

产业界、高校和科研院所组成的科研联合体,这种一体化的营销模式体现了强强联合的优势。企业若想实现可持续性发展的战略目标,就要在其发展过程中,坚持将工作重心放在维护和完善这种产学研一体的良性循环机制上。

在“2011诺贝尔奖得主北京论坛”上,全国人大常委会副委员长陈至立谈到科技转化体系不完善、壁垒众多等问题时说:“在科技创新方面,我们还存在着许多问题,主要是科技成果产业化率同发达国家相比严重偏低。”她进一步指出:“科技成果产业化率同发达国家相比严重偏低的原因,一是转化的动力不足,二是转化的体系不完善,三是政策支持不够有力,四是转化的壁垒众多。”要完善发挥高校、科研机构和企业的合作机制,探索建立科教资源整合机制。以建立开放、流动、竞争、协作的运行机制为中心,促进科研机构之间、科研机构与高校之间创新资源的集成与整合。鼓励高校和科研机构的创新资源与企业的研发需求相对接,通过合作共建研究开发机构、共同承担科技项目等多种形式,形成稳定的产学研合作机制,促进知识创新与技术创新良性互动,推动创新成果产业化。

培育本土“乔布斯”

2011年12月温家宝在江苏考察时说，研究成果必须实现产业化。如果成果获奖摆在那里，就只是一个花瓶。科技人员的创新和发明需要企业的支持。中国要有“乔布斯”，要有占领世界市场的像“苹果”一样的优秀产品。

不难理解，温家宝所说的中国要有乔布斯式的人物，原因在于科技是第一生产力，而创新是科技之魂。那么，我们怎样才能造就、培养出中国的“乔布斯”呢？在现实社会中，为了获得丰厚的利润，企业往往会采取两种方式：有的企业在市场竞争的压力下，依靠创新取得独有的技术和知识产权，以获得竞争优势；而有的企业则在竞争的压力下，寻求政府的行政保护，或基于行政的垄断进行寻租，以获取垄断优势。是选择创新，还是选择寻租，这取决于企业所处的社会和市场机制的激励和约束。

我们知道，成就乔布斯和“苹果”神话的，不仅仅是乔布斯本人的天才头脑和领导才能，更在于他所处的环境有着公正、公平的市场规则。当前，我国仍处在行政主导型社会的大环境下，往往“找市场不如找市长”，只有取得政策性资源，才能获得更大的利润；再加上技术创新成果的非竞争性以及创新过程的风险性和不确定性，使得许多企业家更愿意去寻求行政的垄断权，而不是去通过创新获利。因此，国内的很多公司和个人，如房地产业、山寨产品等，其财富的积累和创新没有太大关系。

所以，中国要培养乔布斯式的人才，必须实现科技立国、科技强国、科技兴国的伟大战略目标，必须在思想道德规范领域大力提倡“以崇尚科学为荣，以愚昧无知为耻”的社会主义荣辱观，形成全民热爱科学、学习科学、应用科学的优良氛围，摒弃轻视科学、不尊重科学规律的不良风气，乘着世界科技革命的东风，赶超先进，缩短差距，在思想上、行动上、战略规划制定上创造完善的、适用于科学技术发展和人民群众现实生活需要的科技硬环境和软环境，彻底改良人才成长的土壤，只有如此，在不久的将来，乔布斯式人才的涌现才不会是奢望。

汗水浇开幸福花

——以辛勤劳动为荣,以好逸恶劳为耻

任何一个民族,如果停止劳动,不用说一年,就是几个星期,也要灭亡。

——马克思

当今社会的人们已经习惯了现代化的生活,小孩子乘坐现代交通工具去上学,在学校里享受着多媒体教学所带来的灵动而又活泼有趣的课程;白领一族步履匆匆,在高楼大厦里运用高科技进行着脑力耕耘;老年朋友与时俱进,学习运用互联网汲取有益的知识,丰富晚年生活……我们每时每刻都在运用现实生活中优裕的物质条件滋养着自己的人生。那么,究竟是什么力量使人类不断进步,使人类从蒙昧的远古时代走向了今日的现代文明呢?答案很简单,那就是辛勤劳动。

早起鸟儿有虫吃

勤劳的追求在何方

阅读材料

政治经济学家说:劳动是一切财富的源泉。其实劳动和自然界一起才是一切财富的源泉,自然界为劳动提供材料,劳动

把材料变为财富。但是劳动还远不止如此。它是整个人类生活的第一个基本条件,而且达到这样的程度,以致我们在某种意义上不得不说:劳动创造了人本身。……这些猿类,大概首先由于它们的生活方式的影响,使手在攀援时从事和脚不同的活动,因而在平地上行走时就开始摆脱用手帮助的习惯,渐渐直立行走。这就完成了从猿转变到人的具有决定意义的一步。……手不仅是劳动的器官,它还是劳动的产物。……语言是从劳动中并和劳动一起产生出来的……

——恩格斯《劳动在从猿到人转变过程中的作用》

回顾人类和人类社会形成的过程,我们不难发现,从原始的“刀耕火种”到今天的“电脑办公自动化”,劳动起了决定性作用。劳动不仅创造了社会,也创造了人类本身,人类不可能脱离劳动而存在。不论是达尔文在《物种起源》中对于劳动在人类进化过程中所起作用的重要论述,还是我国的古语“天道酬勤”、“民生在勤,勤则不匮”,都体现着东西方国家对于辛勤劳动的崇敬。作为一个古老的东方文明国家,中国人对于辛勤劳动有着自己独特的理解,中华儿女千百年来一直用自己的实际行动诠释着辛勤劳动的内涵。

劳动是人类最基本的实践活动,是安身立命之本。马克思主义劳动价值学说最基本的观点就是劳动创造了人和人类社会,人们在从事生产活动的基础上还要从事其他社会活动,结成政治、经济、思想等其他社会关系。劳动满足并发展了人的需要,任何实践活动都是人们为了满足一定需要的活动,任何需要也只有通过实践才能满足,而满足任何需要的实践方式和途径归根到底就是人的劳动。人们的衣食住行与劳动息息相关。例如,大家都很熟悉的舞蹈就起源于劳动人民在田间地头的劳作;通过劳动,人类发明了劳动工具;通过实践,发明了各种先进技术,创造了丰富的物质文明,为自身的生存与发展奠定了良好的物质基础。

劳动是健康之源、幸福之源。劳动是单个人在社会中的存在方式,或者说是自我实现的方式,在创造了丰富的物质财富的同时,劳动也给人们带来了更大的精神上的满足,而精神上的满足反过来又推动人们对于新技术的创新和探求。劳动的这一过程激发了人们对于社会的新的需要,对自身发展的新的需要,而这些需要也就随着其自身力量的增长,使得人们有能力开始从各个方面去认识世界,形成了改造世界的多种形式。有一个“三个苹果”的小故事,用非常诗化、优美的语言对劳动的意义描述道:“劳动吧,在劳动中可以尝到生活的滋味,安逸的人不见得尊贵,不能如愿地达到目的,反而会养成颓废和下流。”由此可以看出,劳动不仅仅能够给人们带来物质上的满足,更可以帮助人们矫正思想上的谬误,使人们能保持对生活的希望,更加珍视现在的幸福生活。

辛勤劳动是中华民族的优良传统,热爱劳动是一种美德。从劳动自身的意义来看,劳动是人类最基本的实践活动,永远是人类生活的基础,也是创造人类文明的基础。劳动者用辛勤的汗水创造了七彩的世界,创造了多彩缤纷的生活。“十亩之间兮,桑者闲闲兮。行与子还兮。十亩之外兮,桑者泄泄兮。行与子逝兮。”这首《魏风·十亩之间》勾画出了一派清新恬淡的田园风光,抒写了古代的采桑女子轻松愉快的劳动心情,描绘出了古代劳动人民日常劳动的生动画卷。陶渊明在《归园田居》中也曾经写道:“晨兴理荒秽,带月荷锄归。道狭草木长,夕露沾我衣。”这首诗表现出了陶公在一天劳作后的闲适超然。在现代生活中,无数的中华儿女用自己的汗水为祖国大地谱写了一曲曲辛勤劳动的赞歌,许多辛勤劳动者积极带动周边群众创业致富,成为当代社会主义小康社会建设的楷模。

阅读材料

宋世江:大山深处种菇人　致富不忘乡亲们

宋世江曾经是一名地处川南山区的泸州市纳溪区新乐镇石银村的普通农民,1993 年,21 岁的宋世江因家境贫困不得不南下谋生。打工期间,他尝尽了酸甜苦辣,明白了只有学到知识、学到技术,通过辛勤劳动才能摆脱贫困。为了学到技术,1996 年,宋世江跳槽到了福建一家蘑菇种植场,一边打工,一边学习蘑菇种植技术,并且利用空闲时间,研读了大量有关蘑菇种植方面的书籍,很快掌握了一整套科学种植蘑菇的技术。2003 年,宋世江回到家乡,投资 5 万多元,建起了 3000 多平方尺的菇场。经过积累,2011年,他的菇场面积达1万平方尺,年产量达6000多公斤,产值达10多万元。更为可贵的是,宋世江致富不忘穷乡亲,他积极带动家乡群众发展蘑菇产业。带动全村蘑菇种植大户达20多户,蘑菇产量5万多公斤,年产值在60万元以上。谈到未来蘑菇产业的发展时,宋世江踌躇满志,“三年内让全村的蘑菇种植发展到10万多平方尺,村民种蘑菇的收入超过100万元”。

——四川在线泸州频道

其实,在现实生活中,劳动所包含的范围十分广泛:有像路遥一样勤奋的作家,有似袁隆平一般奋斗在科研一线上的研究人员,有拼命工作的IT精英,也有勤劳致富的工人、农民……中华民族从来都是勤劳的民族,在谋求生存和发展的过程中,辛勤劳动的中国人战胜了无数艰难险阻,创造了一个又一个人间奇迹。辛勤劳动作为中华民族一直信奉的训诫,指引着中华儿女为人类文明进步作出了重要的贡献。

好逸恶劳可安否

东汉时期,太医郭玉的医术很高明,给病人治病常常是手到病除。他为人仁义厚道,为穷苦百姓治病尽心尽力,药到病除,可是为达官贵人治病却经常不见效。汉和帝有一次问他,为什么他给人看病会出现这两种截然不同的情况,郭玉回答说,达官贵人自作主张,态度不谦和,好逸恶劳,不愿配合治疗。

这则小故事里出现了一个词语:“好逸恶劳”。今天,我们通常把这个词语理解为“贪图安逸,厌恶劳动,专指好吃懒做的人”。当代社会精神文明大发展、物质文明大丰富,但在良好的环境中却渐渐滋生了“好逸恶劳”这样一种懒散的社会风气。社会上一部分人思想观念出现各种各样的偏差,严重混淆是非、善恶、美丑的界限,拜金主义、享乐主义、极端个人主义滋长,“宁在宝马车里哭, 不在自行车上笑”, 在他们的价值观当中,辛勤劳动不再是美德,而是无能、愚笨的代名词。坐享其成,不劳而获,甘当“啃老族”,甚至巧取豪夺、投机倒把,才是有能力的表现和光荣的象征。好逸恶劳从表面上来看,的确对人充满了诱惑,一些人不必付出辛勤的劳动,就可以牟得暴利,豪宅、名车等奢侈品样样齐全,但究其实质,好逸恶劳真的可以带给人永久的安逸和幸福吗?答案当然是否定的。一些小偷、抢劫犯不思进取,游手好闲,试图通过暴力和不法手段牟取他人财物,满足自己的私利,但他们面临的终将是法律的严厉制裁和打击。天上不会掉馅饼,古人云:“君子爱财,取之有道,得之有理,用之有量。”人们要想有所得,就必须通过辛勤劳动合理合法地拥有,否则只会适得其反。只有用自己的双手和智慧去创造生活,亲身参与劳动,才能够发现劳动的乐趣与价值,才能够为社会主义建设贡献出自己的力量。

幸福不亏勤劳人

劳动是社会存在的基础,也是社会发展最为根本的推动力。人们对于劳动的态度,在很大程度上影响着社会发展目标的实现及文明的进步。古人云:“仓廪实而知礼节,衣食足而知荣辱。”通过劳动来创造财富,恰恰是达成知荣辱、知礼节的基本途径。“一分耕耘一分收获”,我们必须谨记“以辛勤劳动为荣,以好逸恶劳为耻”,用辛勤劳动来创造美好的生活。

劳动者最美丽

社会主义社会是一个团结友爱的大家庭,在这个大家庭里,是否热爱劳动,能否自觉地为社会主义现代化大厦添砖加瓦,是衡量一个人道德品质的重要尺度。劳动实践在提高人们综合素质方面有着其他形式不可替代的价值和功能:第一是德育功能。劳动可以使人们发展智能,增长才干,扩大眼界,锻炼身心;第二是体育功能。劳动可以增强人们的体质和体能;第三是美育功能。劳动可以提高人们的审美眼光和审美情趣。劳动者是最美的人。积极主动参与社会劳动,不但有利于自己的身心健康,而且有利于我国的社会主义现代化建设。

阅读材料

劳模们的幸福观

顽强战斗,以创造性的劳动克服一切困难。

——“中国的保尔·柯察金”:吴运铎

国家给我的荣誉称号是“劳动模范”，我理解“劳动模范”应当是奉献的意思。我应当做奉献的典型。

——全国劳动模范、闻名海内外的“抓斗大王”：包起帆

一个有道德的人，应该把幸福建立在自己的劳动上。

——“学习雷锋的光荣标兵”：朱伯儒

劳模不劳动，叫啥劳模？有点钱就贪图享受，叫啥共产党员？

——全国人大代表、劳动模范：申纪兰

——来源：《解放军报》

劳动是人类文明进步的源泉。通过劳动，人类从盘错交织的古树走向陆地，从愚昧无知的远古时代走向现代文明。从物质生产方面来看，劳动推动了社会经济的发展。我国之所以能从一穷二白走向工业化，并朝着信息化社会大踏步前进，离不开几代共和国英雄们的辛勤劳动。共和国的史册上，赵占魁、时传祥、王进喜、蒋筑英、史来贺等普通的工人、农民、知识分子，以他们辛勤的劳动创造了不平凡的业绩。因为有了他们和千千万万建设者的无私奉献，我国 GDP 总量才能跃居世界第二位，保证国家政治经济安全和社会稳定，保证人民生活欣欣向荣。从精神文明方面来看，劳动促进了人类文明的进步。古罗马诗人唯基尔称：“这个世界上的每一块土地，都留下了劳动的印记。”人类的辛勤劳动不仅仅给地球留下了丰富的物质遗产，更重要的是给各国人民留下了足以代代相传的值得骄傲的民族智慧的结晶。古埃及人民的辛勤劳动铸造了壮丽肃穆的金字塔；我国古代劳动人民的血汗凝结成了万里长城，名传世界，屹立东方。这些有形的物质文明象征着一种精神，在国民的心中代代传承。与此同时，我国劳动人民以劳动为基础进行大量的文学创作，形成了诗经、汉赋、唐诗、宋词等民族文化的瑰宝。它们题材丰富、风格多样、流派众多，是古人智慧的馈赠，是东方文化的明珠，是华夏儿女的骄傲，让后世子孙得以窥见先民的喜怒哀乐，聆听来自远古天籁的声音，这些中国传统文化宝藏给中华文明史又添加了恢宏的功绩。

劳动既是个人生存的手段，也是对社会应尽的义务。劳动权是人的基本权利。在原始社会，人们如果不能相互合作，共同劳动，就会面临生存的危机，因此，劳动需求贯穿于当时人们的日常生活中。“忧劳可以兴

国,逸豫可以亡身”,这是欧阳修对唐庄宗既得天下、后又失天下原因的恰当总结。新中国成立后,劳动权更是被上升到了法律的高度。我国《宪法》规定:“中华人民共和国公民有劳动的权利和义务。”可见,劳动既是公民的基本权利,也是公民的基本义务。“民生在勤,勤则不匮”,只有秉承中华民族辛勤劳动的传统美德,才会有利于社会经济的发展。

劳动者最幸福

当今社会似乎存在着一股“浮华风”与“攀比风”,受到不良风气的影响,部分人存在着好逸恶劳的思想。一些人宁可去偷窃,也不肯凭借辛勤的付出为自己换取美好的生活,公交上、地铁上、大街上甚至任何公共场合,都可能成为小偷们的“工作地点”;天桥上,步行街旁,一些人做着“假乞丐”,穿着破烂的衣服,利用人们的同情心赚取钱财;我国西南边境走私猖獗,一些人为牟取暴利,铤而走险,贩卖毒品。只有劳动者才是最幸福的人。幸福的生活只有靠勤劳的双手来创造。下岗职工再创业,残障人创办爱心企业,都值得尊重。只要辛勤劳动,生活中的重重障碍都可越过,“一勤天下无难事”。

自己动手衣食足

每一个公民都应当树立正确的劳动态度,用自己的双手去创造幸福的生活,实现远大的人生理想。我们要倡导在全社会范围内形成劳动最光荣的价值观和人生观,帮助人们特别是年轻人树立劳动光荣的价值取向,形成讴歌劳动、赞美创造的良好社会氛围,坚决反对好逸恶劳、不劳而获的不良思想。

唯勤方能毕其事,知行合一致其功

中华民族是一个有着勤劳勇敢传统的民族,向来就“以辛勤劳动为荣,以好逸恶劳为耻”,在构建社会主义和谐社会的伟大战略中,每一个公民都应该勤奋学习,踏实劳动,兢兢业业地在本职工作岗位上创造一流的业绩,为全面建设小康社会、实现中华民族的伟大复兴添砖加瓦。那么,如何才能达到这个要求呢?“知是行的主意,行是知的功夫;知是行之始,行是知之成”,做事情唯有知行合一,才能化理想为行动,才能使梦想成真。但怎样做才算真正做到了“以辛勤劳动为荣,以好逸恶劳为耻”呢?

首先,培养热爱劳动的良好习惯,增强是非感和耻辱感。劳动推动社会进步，劳动创造社会财富，劳动彰显人生价值。每个人都应该树立劳动者光荣、劳动者伟大的观念。社会发展靠的是人们的辛勤劳动和勇于创造，而好逸恶劳则意味着人们在不付出劳动的情况下即享有他人劳动创造的社会成果，这种行为构成了对他人劳动的无偿占有，凸现了人们内心深处狭隘自私的一面。在日常生活中，我们要正确区分辛勤劳动与好逸恶劳这两种行为，明辨美丑，以辛勤劳动为荣，以好逸恶劳为耻，使尊重劳动、热爱劳动在全社会蔚然成风。

其次，学习劳动知识，掌握劳动技能，是坚持劳动光荣价值观的必要条件。“在世界的进步中，起作用的不是我们的才能，而是我们如何运用才能”。21 世纪是知识经济的时代，随着社会分工越来越细，每个工作岗位都需要有专业的知识和技能。只有掌握劳动必备的知识和技能，才能适应时代的变化和发展，提升自己的应变能力和适应能力，成为对国家、对社会有贡献的人。

阅读材料

曲珍和她姐妹们的幸福观

曲珍在日喀则地区白朗县算是颇有名气。2002 年，曲珍凭借自己有着传统民族手工编织的技艺，创建了一个小作坊，开始书写她人生的创业史。创业初期，条件很差，在一间很小的房屋里，她教着当地几个贫困的妇女学习制作传统手工艺品。后来，在当地妇联和相关部门的援助下，曲珍的小作坊扩大了规模，变成了今天的“妇女编织培训基地”，带动了更多的妇女脱贫致富。固定资产规模达到 360 多万，她说：“今天我教的学生，明天就可以教其他人，这样一传十，十传百，我最大的愿望就是看到越来越多的西藏妇女靠自己的双手走上致富的道路。看到自己学生的钱包鼓起来，自己也就更有信心和动力了。今天这样的规模也都是靠自己争取的，有辛勤的劳动才有幸福的生活。”

——来源：中国西藏信息中心

再次,建立公平分配制度,确立正确的利益导向机制,是形成劳动光荣良好氛围的制度保障。有些人片面重视体力劳动,认为脑力劳动是对体力劳动的剥削,只有体力劳动才能创造商品价值;另外一些人又反过来片面重视脑力劳动,认为劳心者治人,劳力者治于人,脑力劳动才是高尚的。其实,人类最初的劳动都是脑力和体力结合,只有发展到一定阶段,二者才相对分开。单从某一项的整体生产过程来看,二者又必须紧密结合。例如,盖一栋高楼,既有脑力的支出,又有体力的耗费。如果只有脑力劳动者提供的图纸,那也只是纸上的房屋;如果只有体力劳动者添砖加瓦,高层建筑也盖不起来,即使勉强盖起来,也是会倾覆的。脑力劳动和体力劳动都不能片面理解。无论是体力劳动还是脑力劳动,无论是简单劳动还是复杂劳动,一切为祖国建设做贡献的劳动,都是光荣的,都应该得到承认和尊重,在进行利益分配的时候,这两种劳动者都应该获得与其付出的劳动力相对等的报酬,不得存在偏差。

最后,推进法制建设,充分保障劳动者的权利义务,是在全社会推动劳动光荣价值观的法制保障。劳动是创造财富的手段,也是获取和享有财富的前提。一切物质财富和精神财富的创造都离不开辛勤的劳动。小到个人、家庭,大到民族、国家,辛勤劳动就能兴旺发达;而好逸恶劳、贪图享乐,则只能衰败灭亡。辛勤劳动作用深远,好逸恶劳贻害无穷。既然如此,我们便不能把“以辛勤劳动为荣,以好逸恶劳为耻”仅仅定义在道德层面,而应该更进一步加强法制建设,制定制裁好逸恶劳行为的相关法律,加大对该种行为的约束;另一方面,应出台一套鼓励和褒奖辛勤劳动的相关政策,大力表彰先进,弘扬正气,把部分道德法制化,使“以辛勤劳动为荣,以好逸恶劳为耻”成为一种文化自觉,成为社会大众自觉自愿的行动。

固国安邦凭勤勉,华夏儿女当自强

“一粥一饭当思来之不易,半丝半缕恒念物力维艰”。生活中,每个人都要树立正确的劳动观念和劳动态度,为社会主义现代化建设作出自己的贡献。明确什么才是辛勤劳动,正确把握辛勤劳动的度和量,人们一定可以创造出属于自己的一片天空, 拥有真正凭劳动得来的完美生活,为祖国作出自己的贡献,为我国的社会主义现代化建设添砖加瓦,为中华民族的复兴提供不竭的动力。

“以辛勤劳动为荣,以好逸恶劳为耻”,对于社会的持续发展,对于生产力的持续推动,对于人民生活水平的不断提高尤其重要,因为劳动是满足劳动者需要的根本途径,也是创造社会财富的重要途径,更是社会得以存在和持续发展的根本力量。中华民族是以辛勤劳动著称的民族,凭借这种精神,创造了光耀世界的华夏文明。毛泽东说得好:“社会主义制度的建立给我们开辟了一条到达理想境界的道路,而理想境界的实现还要靠我们的辛勤劳动。”中国人民在党的领导下,使我国的改革开放和现代化建设大业取得了世人瞩目的伟大成就,然而相对落后的基本国情要求我们决不能自满,决不能懈怠,决不能停滞,更不能贪图安逸,追求享受。一定要明确:实现全面建设小康社会的目标,实现国家的真正强盛和人民的全面富足,需要全体人民继续开拓创新、辛勤工作,继续付出十倍甚至百倍的努力。

爱迪生曾经说过:“世界上没有一种具有真正价值的东西, 可以不经过辛勤劳动而能够得到的。”的确,劳动是我们拥抱未来的万能钥匙,是理想之船通向胜利彼岸的划桨,也是社会文明进步的最终动力。没有各行各业劳动者的创造, 社会将止步不前, 没有各行各业劳动者的奉献,生活将不可想象。只有辛勤的劳动,才能创造真正的财富;只有每一个体艰辛付出,才能推动一个国家和一个民族不断从胜利走向胜利。毛泽东曾经告诫我们:“一切坏事都是从不劳而获开始的。”那么,对于我们这个国家在构建社会主义和谐社会的关键时期, 对于我们个人在构建幸福家庭的时候,全社会必须集体行动起来,树立和弘扬“以辛勤劳动为荣,以好逸恶劳为耻”的社会主义荣辱观,认真落实在工作、生活的方方面面。

因此,只有牢固树立正确的荣辱观、劳动观,“以辛勤劳动为荣,以好逸恶劳为耻”,才能鄙弃追求享乐、贪图安逸的错误思想行为,才能做到勤奋敬业,为社会进步、国家强盛作出更大的贡献。让我们五十六个民族的兄弟姐妹团结起来,传承这一信念与美德,并长期不懈地坚持下去,用实际行动使社会主义大家庭更加融洽与和谐;让我们秉承着辛勤劳动这一传统美德,前进在实现中华民族伟大复兴的道路上,通过双手的创造和辛勤的汗水,使人们的生活愈来愈好;让我们把辛勤劳动这一优良传统发扬光大,为社会主义现代化建设提供源源不断的动力支持,迎接社会主义现代化建设的美好明天!

人心若齐泰山移

——以团结互助为荣，以损人利己为耻

单丝不成线，独团结一致，同心同德，任何强大的敌人，任何困难的环境，都会向我们投降。

——毛泽东

《愚公移山》的故事流传千年，愚公虽"愚"，却能感天动地；愚公虽"愚"，却能流芳千古，原因就在于他与子孙们团结一心，以坚忍不拔的毅力和锲而不舍的精神开天辟地，为后世造福。如今，我国社会主义现代化建设事业的难度不亚于愚公移山，所以当前时代仍需要发扬愚公精神。"以团结互助为荣，以损人利己为耻"的社会主义荣辱观是当代中国社会提倡和发扬的积极、健康的道德品质，本质上和愚公精神一脉相承，弘扬这一优秀道德品质，能够有效凝聚全民族的力量为社会主义现代化建设而共同奋斗。

扛鼎十指皆为连心之力

团结互助知多少

团结互助是中华民族最突出的传统美德之一。与人为善、乐和贵和是君子修为的重要标准和目的；和睦相处、互相尊重是处理人与人、民族与民族之间关系的基本原则；携手共进、追求共同繁荣和进步一直是中国处理与周边及世界各国的关系的基本准则。

团结互助精神首先体现为人与人之间以“仁”与“爱”为准则。孔子作为儒家之祖,赋予“仁”以“爱人”的含义,即人要有仁爱之心,对他人要体现出一种喜欢、亲近、关心和爱护,没有爱人之心,无仁人之意,则无法做到尊重人、爱护人、与人和睦相处。孟子称:“恻隐之心,仁也。”这种“仁”是指当别人陷入困境时发自内心的一种体恤、怜爱之情,表现出对他人的一种担忧和关切。老子也说:“与善仁”,意思是与人交往要友爱、真诚、无私。由此可见,团结互助是“仁”的内涵在处理人与人之间关系层次上的延伸和丰富,要求人与人之间互相关怀、互相尊重和互相爱护,它是世间万物共生共荣、和谐相处、协调发展的一种基本道德规范和要求。

团结互助精神还表现在几千年来各民族兄弟互帮互助、携手共进,共同缔造中华民族灿烂的文明。自古以来,中央政府在和周边少数民族政权以及新罗、高句丽等各个国家交往时虽然强调华夷之辨,期间也发生战争,但绝大部分时间里始终与天下四海平等交往。尤其在处理民族矛盾时,始终坚持“以和为贵”和“宽厚仁爱”的原则,不到万不得已,绝不主动挑起战争。“昭君出塞和蒙汉”、“亲藏汉文成远嫁”等通婚史实不仅是汉民族与少数民族的“通婚姻之好”,更是汉族与诸兄弟民族携手共进的历史见证。

当历史步入近代,西方的坚船利炮敲开沉睡中国的大门,团结互助精神更是成为中华民族抵御外侮的精神纽带。生活在黄土地上的各族儿女,面对西方帝国主义的入侵,没有如西方人所预测的那样变成一盘散沙,而是纷纷拿起最原始的武器加入到抵抗洪流中,各民族儿女由此谱写了一篇篇惊天地、泣鬼神的壮丽史诗。世界上没有哪一个民族具有如此顽强的生命力,能够承受一百余年的沉重苦难而不倒,能够付出巨大牺牲之后还能在废墟上重生,这一切靠的就是团结互助共进退的民族精神。

当中华民族豪迈跨入21世纪的门槛时,我们欣喜地发现团结互助的光荣传统并没有因为时代的改变而丢弃,“非典”时期全体医务工作者的尽心竭力,汶川地震时期全国人民的齐心协力,还有发生在你我身边许许多多互帮互助的好人好事,等等。新时期各行各业涌现出的众多团结互助的道德模范,为全民族继续前进注入了更为新鲜的血液。

阅读材料

团结互助模范人物感动中国

2006年感动中国人物——林秀贞。三十年如一日，她克服了各种困难，像女儿一样赡养了六位孤寡老人。这位朴实的农村人，始终记得她母亲的朴素教诲：人人管闲事，世上没难事；人人都帮人，世上没穷人；千千治家——用一千分的力量来治理自己的家，万万治邻——用一万分的力量来处理邻里关系。

2011年感动中国人物——吴菊萍。2011年7月2日下午，杭州滨江白金海岸小区，两岁的妞妞趁奶奶不注意，爬上阳台外的晾衣杆，楼下过往的人们望见便厉声尖叫起来，这一叫把吴菊萍给唤了过来，只见她踢掉高跟鞋，张开双臂，冲过去接住了妞妞。"这是本能，是一个母亲应该做的事情。"躺在病床上，吴菊萍一脸平静。

从三十年来义务赡养六位孤寡老人的林秀贞到"托举生命的最美妈妈"吴菊萍等感动中国人物身上，我们看到中华民族"人不独亲其亲、不独子其子，使老有所终、壮有所用、幼有所长、鳏寡孤独废疾者皆有所养"，"老吾老以及人之老，幼吾幼以及人之幼"这种仁爱之心的光辉始终熠熠闪烁。这是社会主义新型人际关系的重要体现，每个公民都是社会主义大家庭中的平等成员，我们应该和他人形成良好的关系，爱家人，组成温馨的家庭；爱邻居，组成和睦的邻里；帮弱者，赶走困境的阴霾，形成人人为我、我为人人的和谐局面。

不义富且贵，于我如浮云

中国传统荣辱观的核心思想"先义而后利者荣，先利而后义者辱"在当代社会仍然是社会主义条件下判断荣辱的合理标准，这意味着荣辱主要是一种道德评价，而不是评价人生成败的准则。但现在很多人以财富、权位、豪宅、香车作为个人荣辱的评判标准，有的人为此过度追求物质财富，而背离道德原则与底线，做出损人利己的勾当。那么，何为损人利己呢？损人利己乃是仁的反面，是不仁不义的表现，"君子喻于义，小人喻于利”,以损人利己行为获取富贵,不符合社会主义道德标准,必将会受到人们的鄙视、批评和谴责。

市场经济学的鼻祖亚当·斯密认为:“财富常常是人欲与虚荣心的产物,而人类谋求财富的欲望常常一发不可收,所以私欲的膨胀可以破坏社会的和谐,而且会阻碍人类道德的追求。”例如,山东省青岛市原副市长张锐,1995 年 10 月至 2006 年 10 月期间,利用担任青岛市地方税务局局长、市长助理、副市长等职务之便,为他人谋取利益,先后多次接受青岛市某开发公司等 6 个单位以各种形式行贿的财物折合人民币 360 余万元。此外,张锐还于 1996 年 1 月至 1999 年 3 月间贪污公款 58 万元,于 2001 年至 2005 年间挪用清算组资金 6000 万元。2009 年 12 月 3 日,张锐被青岛市中级法院以受贿罪、贪污罪、挪用公款罪三罪并罚,判处有期徒刑 20 年。作为国家公务人员,张锐为牟取私利,损害广大人民群众的根本利益,这不仅不符合社会主义道德标准,也触犯了法律规范,给国家造成了巨大的财产损失。

社会主义的本质是实现人民共同富裕,所以,我们反对唯利是图、损人利己的行为,坚决反对抛开国家、集体和人民的利益一味追逐个人利益,甚至为此去损害国家、集体与他人的利益。

众人划桨浪靠边,齐心协力可移山。面对艰巨的社会主义建设事业,面对生活中可能出现的各种矛盾和挑战,有着光荣传统的华夏儿女应该积极弘扬团结互助精神,正确处理个人与国家、集体、他人之间的利益关系,培养正确的社会主义义利荣辱观,为国家和社会及自己的幸福生活做好充分的准备。

集体主义浇灌团结青苗

在中国革命和社会主义建设时期不断发扬光大的集体主义价值观念,是我们党和国家始终秉持的重要思想道德原则。集体主义价值观是集体利益和个人利益辩证统一的价值观,它要求一切要从集体利益和个人利益相统一的立场出发, 集体是个人实现自由和全面发展的条件,集体利益高于个人利益,当二者发生矛盾时,提倡顾全大局,个人利益服从集体利益,必要时牺牲某些个人利益,全力维护集体利益。

团结感动天和地

中华民族历来坚持集体主义原则。孙权曾说:“能用众力,则无敌于天下矣;能用众智,则无畏于圣人矣。”正是在集体主义原则指导下,我们才能集中力量与智慧办大事,长久屹立于世界民族之林。2008 年北京奥运会的成功举办,就是集体主义精神力量的见证。盛大的开幕式、良好的组织、比赛秩序和环境的安全保障让全世界为之惊叹和佩服。美国 CNN 报道称:“北京奥运会华丽、壮观的焰火以及运动员参与的规模前所未见,一个亚洲国家开启了最大规模、组织最为细致的奥运盛会。情绪是高涨的,开幕式不仅开启了夏季奥运会,更是一个国家寻找世界位置的象征性表达。这是一个拥有 13 亿人口的国家最好的展示。”

阅读材料

蚂蚁的神奇力量

黄昏时候,洪水最终撕开了江堤。一个个小院子成了一片汪洋泽国。清晨,受灾的人们三三两两在堤上,凝望着水中的家园。忽然,有人惊呼:“看,那是什么?”一个黑点正顺着波浪漂过来,一沉一浮,像一个人!“一个蚁球。”有人说。“蚁球?”人们不解。说话间,蚁球正漂过来,越来越近,看清了:一个小足球大的蚁球!黑糊糊的蚂蚁密匝匝地紧紧抱在一起。风起波涌,蚁球漂流着,不断有小团蚂蚁被浪头打开,像铁器上的油漆片儿剥离开去。人们看得惊心动魄,蚁球靠岸了,蚁球一层层散开,像打开的登陆艇。蚁群迅速而秩序井然地一排排冲上堤岸,胜利登陆了。岸边水中仍留下了不小的一团蚁球,那是英勇的牺牲者,它们再也爬不上来了,但它们的尸体,仍然紧紧抱在一起。

小小蚂蚁在面对灾难时,总是能迅速、紧密地团结在一起,如训练有素的军队,毫不慌张,秩序井然,以勇于牺牲的精神,战胜外来灾害。试问,我们人类在面对灾难时,能够做到如此镇定,不落荒而逃吗?2008 年汶川地震见证了我们中华民族在危难关头同舟共济、万众一心的伟大精神，我们看到了“自发去灾区救灾的农民兄弟”——唐山十三农民兄弟；“为救灾活活累死的小战士”——武文斌；“从容指挥救灾，三天三夜没有合眼的北川县长 ”——经大忠。一方有难，八方支援，众人划桨浪靠边。中国的2008年是不平凡的一年，历经抗击冻雨灾害、汶川地震、举办奥运会、“神七”航天员太空漫步等大事，中国人用团结、坚韧、勇敢和智慧向世界展示了令人敬仰的民族力量，正是因为他们及无数像他们这样的勇士，中国人在大灾难面前、在大事件中勇敢地挺起了民族脊梁。我们有理由相信，只要坚守高尚道德情操，守望相助，团结友爱，中华民族定能历尽万千磨难而屹立不倒。

损人利己众心寒

随着改革开放和现代化建设事业的深入发展，社会主义精神文明建设呈现出积极健康向上的良好态势，公民道德建设迈出了新的步伐。但仍存在一些问题，一些领域和一些地方道德失范，是非、善恶、美丑界限混淆，有的人放弃了道德修养，远离了道德准则，跌破了道德底线，做出一些损人利己、见利忘义的事情。诸如，“自己的父母不去赡养”、“老人跌倒无人敢扶”、“小孩落水围观者无人相救”、“歹徒当街行凶没人制止”等现象时有发生。

这些现象的背后有着怎样的隐情呢？是什么让人们变成冷漠的围观者，看到别人遭遇困难时避而远之？俗话说，“一粒老鼠屎糟蹋一锅粥”，一个人的不良行为会影响到整个社会的风气。人们的冷漠源于2006年的南京“彭宇案”及2011年的“许云鹤案”，好心帮助别人反而被诬为肇事者，这些案例造成了“好心不得好报”的心理恐慌，使人们“向善不敢善”。 善良的心是脆弱的。实际生活中有的人不仅不知恩图报，反而以怨报德，既损害了别人的利益，更伤害整个社会善良人们的心灵。“彭宇案”的蝴蝶效应已经对我国当代社会主义精神文明建设产生了负面影响。说到底，这种令人遗憾的局面是损人利己行为造成的，这才会出现很多让人意想不到的悲剧。

阅读材料

南京"彭宇案"始末

2006年11月20日早晨,一位老太被撞倒摔成了骨折,鉴定后构成8级伤残。老太指认撞人者是刚下车的小伙彭宇,并把他告到法院索赔13万多元。彭宇表示无辜。他说,当天"一下车,我就看到一位老太跌倒在地,赶忙去扶她了,不一会儿,另一位中年男子也看到了,也主动过来扶老太。老太不停地说谢谢,后来大家一起将她送到医院。"接下来,事情却来了个180度大转弯,老太及其家属一口咬定彭宇是"肇事者"。

2007年9月4日下午4点半,鼓楼区法院一审宣判。法院认为,本案主要存在两个争议焦点:

1.彭宇与老人是否相撞;2.应赔偿的损失数额问题 。

法院认为,本次事故双方均无过错。按照公平的原则,当事人对受害人的损失应当给予适当补偿。因此,判决彭宇给付受害人损失的40%,共45876.6元。

摘自《山东英才学院》

因此,面对大家的焦虑与无奈,我们不仅要建立相关的法律法规保护见义勇为者,让善良的心不再有后顾之忧,勇于帮助弱者,还需要进一步加强道德建设,需要我们树立"以团结互助为荣,以损人利己为耻"这种旗帜鲜明的立场。助人为乐、见义勇为始终是我们社会所推崇的美德,我们应该用心呵护善良的品德,用温暖的阳光驱逐人性的阴暗。不做损人利己的事是基本的社会道德,同时我们还需要多一份信任,多一份善良,多一份宽容,来冲破人心的樊篱,齐心协力去营造美好和谐的家园。

滴水成海方有力

佛祖释迦牟尼有一次考问弟子:"一滴水要怎样才不干涸?"弟子们冥思苦想始终回答不出来。佛祖说:"把它放到江海里去。"一滴水只有融进大海才能得以永生,个人只有融进集体才能有源源不断的力量,才能"永不干涸"。

每一个人从呱呱坠地的那一天起,在人的一生发展过程中,都不能离开他人的帮助而完全独立,其根源在于人的生命和人的能力的有限性。个人只有加入集体、加入社会,生存才能获得保障。可见,人与社会是相互依赖、相互制约的。一方面,个人是社会的一部分,个人行为对社会行为规范、社会风气都会产生影响。另一方面,社会是个人存在、发展的前提,个人自我价值的实现,都必须依赖社会的种种条件才有可能。在个人那里,自身的社会内容越丰富,个人就越丰富、越有意义;反之,社会内容越贫乏,在社会中的积极性就会越低,社会关系就会越来越疏远,将不利于个人的成长与发展。

所以,团结就是力量。团结是社会主义事业胜利的基本保证;互助可以增强力量,它是社会主义集体原则的重要组成部分。建设社会主义四个现代化是我们奋斗的目标,是全党、全军、全国各族人民的共同利益所在,它需要全体社会成员在党的统一领导下同心同德,万众一心,协力完成。因此,中国特色社会主义现代化建设与每个人的努力都密不可分,我们每个人都是祖国不可或缺的一部分,每个人的一言一行都关系到祖国的发展,我们应该用行动来为祖国添砖加瓦,只有当国家强大时,才能为我们个人发展提供良好的条件和更广阔的空间。

你我互融推动整体发展

法律法规来护航

"以团结互助为荣,以损人利己为耻"。要求为人处世以团结互助、互帮互谅为基本原则,反对突破道德底线,损人利己。在日常生活中,虽然只是少数人会突破道德原则,但对整个社会道德建设和良好社会氛围的营造带来的危害是不可忽视的。因为"破窗效应",一些人从事不道德行为获利,便竞相效仿。例如,当前"碰瓷"现象越来越多,就是因为当有人假装被撞不仅没受到相应的惩罚,反而获得利益时,便会有人跟着效仿,在第一个人的暗示和诱导下,由于没有及时制止,从而导致"碰瓷"愈演愈烈,给社会带来严重危害。因此,要想人们守住基本道德底线,必须推进社会主义法制建设,把道德建设与法制建设紧密结合起来,综合运用各种手段，严厉打击各种违法犯罪活动，维护正常的社会秩序，并把提倡与反对、引导与约束结合起来，扶正祛邪，扬善惩恶，有效促进良好社会风气的形成与发展。

各种政策与规章制度，对人们的价值取向、道德行为也有直接影响。在制定政策时，不仅要注重经济和社会事业发展的需要，还要体现社会主义精神文明和公民道德建设的要求。既要保护和支持所有通过正当、合法手段获取个人和团体利益的行为，又要提倡和奖励多为他人和社会做奉献，顾全大局，积极互帮互助，为公民行为提供正确的引导。

我国是统一的多民族国家，积极提倡各民族间的平等团结不仅是传统美德，在现代社会更有法律规定和政策引导。西部是少数民族的主要聚居区，因此，国家提出“西部大开发”、“大学生志愿服务西部计划”等，就是希望人们能在政策的引导下，积极主动帮助落后地区的人民，先富带后富，城市帮农村，强者助弱者，为他们送去物质与精神双重希望，加强各民族间的经济文化交流，取长补短，互相关心，互相支持，促进少数民族地区的发展与国家的整体进步。同时，我们要依靠法律力量同那些制造民族分裂、破坏民族团结的民族败类，同民族沙文主义、狭隘的民族主义思想和行为作坚决斗争，加强民族团结，维护祖国稳定与统一。

社会调控是力量

现实中的人总是处于一定社会关系中，受社会关系的制约，因此，包括风俗习惯与社会舆论在内的社会调控也是个体道德形成与发展的重要手段。风俗习惯是同人们的心理、情绪结合在一起，是被人们普遍认同的一种行为习惯，因此是一种有效的社会调控力量。它不像法律法规那样以书面形式存在，而是把人置身于风俗习惯的包围之中，接受它的影响并适应它的要求，以“合俗”与“不合俗”去评价自己和他人的行为，判断善恶价值，甚至进行赏罚，对人们的道德行为和道德心理进行潜移默化的影响，从而使人恪守普遍正确的道德。

同时，随着互联网等新兴媒体的广泛出现，社会舆论也成为个体道德社会调控的重要力量，所谓“众口铄金”便体现了社会舆论的强大力量。尤其近年来的“微博”热，舆论的力量被无限放大，任何事情都可能引发争议，引来热议，使得舆论无处不在。而且由于大众发表意见快捷方便,不管你信不信,赞不赞同,愿不愿意接受,能否承受得住,它都会铺天盖地地向你扑来,或赞扬或惊讶或讥讽或指责,巨大的“舆论压力”迫使人们行为发生改变。

当然,风俗习惯有落后与先进之分,社会舆论也有正确与错误之分,我们应该利用它们的正面力量来对个人道德进行调控。因此,我们应该积极倡导和树立符合社会进步的新风尚和习俗,倡导人们团结友善、互帮互助,激发民间慈善力量。尤其在网络媒体发达的今天,社会舆论具有“一呼百应”的效果,能迅速影响人们的心理,号召越来越多的人加入进来。如2011年4月2日启动的“免费午餐”计划让我们看到慈善是一种善的力量,而“免费午餐”则是通过网络将这种力量凝聚,并使政府与民间爱心力量的团结努力形成一股合力,为人民谋取更大福利。2012年“免费午餐”一周年时,名为“小眼村夫”的微博说道:“它让人们看到,邓飞由个人善意的觉醒,引发了民间行为的复苏。它让人们看到,与其抱怨世界的冷漠,倒不如伸出自己的手献出一份暖意。让人看到,善意作为火种,是可以在人们手中接力传播,并引发连锁反应的。”

阅读材料

一面中国式慈善的镜子

“免费午餐”是由邓飞等五百多位记者、国内几十家主流媒体,联合中国社会福利教育基金会发起的公募计划,倡议为贫困学童提供免费午餐。邓飞及其团队设想并付诸操作的模式是:利用微博平台,通过五百名记者的联合倡议发起,通过挂靠既有基金会完善募捐资格,借助区域性主流平面媒体的报道推动,吸引社会力量补给贫困地区儿童营养。

计划在2011年4月2日启动后,半年时间便募集善款1700万元,惠及湖南、广西、贵州等省区77所小学、1万多小学生,而它的成功远不止于此。2011年10月26日,国务院决定启动实施农村义务教育学生营养改善计划:中央每年拨款160多亿元,按照每生每天3元的标准为农村义务教育阶段学生提供营养膳食补助，普惠680个县市约2600万在校学生。从“免费午餐”到农村义务教育学生营养改善计划，舆论普遍认为，民间探索引领了国家行动，以“免费午餐”为镜，重新审视中国式慈善的时刻来了。

——《中国新闻网》

知行合一是根本

子曰：“为仁由己。”一个人能否心存仁爱、从善立德，关键在于他自己的选择与修养。荣辱观最终还要体现在个人的践行上。我们应该树立一种正确的价值观，要追求学问，更要尊崇道德；要懂得索取，更要乐于奉献；要格物致知，更要知行合一。我们要认识到互帮互助的重要性，养成与人为善的良好行为习惯，在待人处事方面心中有他人、替他人着想并能助人为乐，在危难关头能大义凛然、见义勇为并共同进退，成为一个具有亲和力的人。虽然现代社会高度分化的技术、专业分工要求人们有相应的专业能力和个性，但高度综合及更加广泛的人际合作的社会趋势更加需要人的协调、亲和、合作品质，否则就难以推动社会各项事业的进步和和谐社会的形成。

实现和谐社会的途径和手段可能是多样的，但肯定离不开公民和合美德的主体支撑，因为人是社会的主体，也是社会和谐的主体，离开了人际交往，社会和谐就无从谈起。人与人之间的和谐，主要体现为公民主体的行为方式和修养境界，滴水能藏海，每个人的言行都是和谐社会的缩影。我们要从身边的小事做起，从关心帮助身边的人开始，用我们的一言一行感染我们身边的人。

除了倡导各民族、人与人之间的团结互助，我们还要提倡“协和万邦”的国际主义精神，各国间互相帮助，尤其是发生自然灾害时，不分民族，不分国籍，及时伸出援助之手，共同面对。如2008年5月12日中国汶川大地震发生时，日本救援队是第一个到达中国的国际救援队，他们所表现出的人道主义精神和专业救援素质，曾让中国人深受感动。而2011年3月11日当日本发生了同样的灾难时，中国也伸出了援助之手，向日本运送大批物资，并派遣中国国际救援队员实施人道主义援救。

“天时不如地利，地利不如人和”。追求和谐是我们人生与道德智慧的价值目标，除了追求人与自然、人与自身的心身和谐外，重点在于追求人和。“以团结互助为荣，以损人利己为耻”的社会主义荣辱观积极倡导人际和谐，人们之间的友善亲和、与人为善、大爱谦让精神不但有利于人与人之间的和谐关系建设，还将有利于幸福家庭建设，同时将有利于和谐村庄、和谐小区建设，并最终为社会祥和、人民幸福、世风和美的和谐社会建设提供精神源泉。

诚信之道通四海

——以诚实守信为荣，以见利忘义为耻

“言忠信，行笃敬，古老相传的信条，演绎出现代传奇。他们为尊严承诺，为良心奔波，大地上一场悲情接力。雪夜里的好兄弟，只剩下孤独一个。雪落无声，但情义打在地上铿锵有力。”

——《感动中国》组委会授予孙水林、孙东林“信义兄弟”的颁奖辞

信义兄弟作为中国网络2011年度的热词，在某检索网站大约能找到321,000条相关网页记录。孙水林、孙东林兄弟的感人事迹之所以传遍大江南北，感动着每一位中国人，就在于他们坚守信义，用良心捍卫对他人的承诺。正如评委所说，这是一面镜子，这面镜子值得我们每个人照，值得我们整个社会照，值得我们把自己的心掏出来照。他们如期还债原本是普通的，但因为生死接力，才显得具有特别的意义。

领悟诚信之道，继承优良传统

“诚信”一词很早就出现于西周吕望的《六韬·文韬·上贤》一书中，其中讲到“上贤，下不肖，取诚信，去诈伪；禁暴乱，止奢侈。”吕望就是我们熟悉的姜太公，这句话的大意为：作为君主，应该尊崇德才兼备之人，抑制无德无才之辈，任用诚实可靠讲信用的人，除去奸诈、虚伪的人，严禁暴乱行为，制止奢侈风气。这表明诚信在我国很早就引起了人们的重视，也表明我国古代很早就把诚信作为选拔人才的标准。

关于“诚信”一词的理解,古人给出了很多独到的见解。诸如《周易·乾传》中讲到“忠信,所以进德也”,提出遵守信用是提高德行的标准。儒家思想的奠基人孔子在《论语·公冶长》篇提出了“人而无信,不知其可也”的观点,认为人如果不讲诚信,那么他将一事无成。春秋时期,著名政治家管仲在《管子·梳言》篇中提出“诚信者天下之结也”的观点,认为诚信是天下各种关系的凝聚点。《左传·僖公二十五年》中也说,“信,国之宝也,民之所凭也”。认为诚信是治国的法宝,是民众对国家赖以信任的凭据。《礼记·中庸》提出“君子诚之为贵”的观点,认为诚信是君子人生中最重要的东西。西汉经学家刘向在《说苑·说丛》一书中提出“交不信,非吾友也”,表达了交友必诚的观点。南宋著名理学家朱熹认为“信是言行相顾之谓”,即认为讲诚信就是指所说的和所做的不相违背的意思。明清之际学者和教育家朱之瑜在《朱舜水集·诚二首》提出“修身处事,一诚之外更无余事”的观点,认为修身、做事都必须讲诚信,把对诚信的理解内涵丰富,把诚信法则运用到了治国、齐家、处理人际关系、修身等各个方面。古人讲诚信的故事更是数不胜数,诸如商鞅立木为信、季布一诺千金、曾子杀猪、晋文公示信伐原、胡雪岩诚信经商等。

阅读材料

曾子杀彘

曾子之妻之市,其子随之而泣。其母曰:“女(汝)还,顾反为女杀彘(zhì)。”妻适市来,曾子欲捕彘杀之。妻止之曰:“特与婴儿戏耳。”曾子曰:“婴儿非与戏之也。婴儿非有知也,待父母而学者也,听父母之教。今子欺之,是教子欺也。母欺子,子而不信其母,非所以成教也。”遂烹彘也。

译文:曾子的夫人到集市上去赶集,她的儿子哭着也要跟着去。他的母亲对他说:“你先回家呆着,待会儿我回来杀猪给你吃。”曾子的夫人到集市上回来,就看见曾子要捉小猪去杀。她就劝止说:“我只不过是跟孩子开玩笑罢了。”曾子说:“夫人,这可不能开玩笑啊!小孩子没有思考和判断能力,要向父母亲学习，听从父母亲给予的正确的教导。现在你在欺骗他，这就是教育孩子骗人啊！母亲欺骗儿子，儿子就不会再相信自己的母亲了，这不是教育孩子的正确方法啊。”于是曾子把猪给杀了，煮了之后把猪给儿子吃掉了。

——《韩非子·外储说左上》

“诚信”一词在我国两千多年的历史过程中，含义变化基本不大，大体保持了其原有的词义。《现代汉语词典》对“诚信”一词的解释是“诚实，守信用”。在《现代汉语词典》中，“诚实”意思是指“言行跟内心思想一致（指好的思想行为）；不虚假”，“守信”的意思是指“讲信用；不失信”，“信用”的意思是指“能够履行跟人的约定的事情而取得的信任”。由此可见，诚信的本义就是言行一致、遵守承诺，反对隐瞒欺诈、反对弄虚作假。

所以，诚信是指一个人的诚实性、信用度及可靠程度，它体现于一个人的品质、个性、及价值取向。从道德范畴来讲，诚信即待人处事的态度与方法，它要求我们待人真诚、做人老实、行事守信，言必行、行必果，它是约束和规范人的社会行为的准则。从传统上讲，诚信是中华民族自古及今的传统美德，是判断一个人品德优劣的标准之一。从现实层面来讲，诚信是我国社会主义荣辱观中的核心要点之一，是我国社会公民道德规范的基本内容，是社会职业道德规范的重要组成部分，也是我国社会主义市场经济的基本准则。

诚信不仅是我们古代优秀传统美德，也是我们现代人应该追求的崇高品质。无产阶级政党视诚信如生命。邓小平曾经告诫我们要少说空话，多做工作，扎扎实实，埋头苦干。毛泽东主席也是一个很讲诚信的人。1959年，毛泽东得知黄炎培珍藏着一本王羲之的字帖真迹，于是就借来看，双方说好借一个月。在那一个月里，毛泽东在闲暇时间里便不停地翻开来看，爱不释手。一个月过去后，毛泽东小心翼翼地用木板把那本真迹夹好，对警卫员说：“送还吧，零点前必须送到。”警卫员说：“主席为何不多看些时日呢？黄老说，‘只要您还在看，尽管多看几天。’”毛泽东连连摆手：“不能这样，讲好一个月就一个月，朋友交往就要讲信义。”毛泽东在日常生活中，讲诚信，说到做到，履行承诺，在工作中更是要求党员干部做工作要实事求是,“要讲真心话,很多事不要两套”。周恩来总理也曾说过,“要大家讲真话,首先要领导喜欢听真话,反对说假话。”此外,“忠诚老实,言行一致”是我们党的光荣革命传统,也是我们党员恪守的信条。当代我国各行各业都涌现出大批可歌可泣的诚信故事,如海尔总裁砸劣质冰箱树企业信誉、信义兄弟接力还债、七旬老人吴玉兰拾荒还债等就是当代社会主义公民诚信品格的鲜明体现。

阅读材料

七旬老太讲诚信,为还债拾荒九年

吴兰玉是乌鲁木齐市一位年过七旬的贫苦老人,上世纪90年代老伴和儿子相继去世,给她留下了为他们治病欠下的5.4万余元的债务。当债主们纷纷上门准备讨要欠款时,她的境况却让他们难以张口,但吴兰玉给他们坚定地回答道:“欠债还钱天经地义,不管有多难,都会还清欠款。”

于是,从1999年儿子去世后的9年时间里,吴兰玉老人用拾废品赚的钱还完了所有外债,用她的辛劳和朴实谱写了一曲感人至深的诚信之歌。

当还完最后一笔欠款,吴兰玉老人唱了一整天的歌,两天后她才想起来这些年太不容易,应该犒劳一下自己,于是她拿出8块钱到厂区的小市场买了一双布鞋……

——来源:央视网

与诚信相关的“义利”也是中国传统道德体系中的核心概念之一,那么,何谓“义利”?一般说来,“义”指正义,是与人交往的最高道德原则,有时还被理解为一种道德境界,道德情感以及义无反顾的高尚行为或公正合宜的道理或举动。不同社会的道德原则和规范是不同的,因此义的内涵也是不断变化的。“利”主要指利益或功利,通常泛指物质利益。义和利的问题,就是道德原则和物质利益的关系问题。中国传统文化中的义利观形成于春秋战国时期,并不断得到丰富与发展,对传统的中国社会产生过重大影响。纵观历史长河,儒家主张的义利观深入人心,并长期占据了主导地位,儒家义利观主要包括:义利两有,义高于利;公私分明,重公轻私;见利思义,义然后取;重义轻利;舍生取义。

儒学创始人孔子认为,君子要以义为重,主张"君子喻于义,小人喻于利",人的道义价值应高于物质利益,因此他反对不义而富,放于利而行。孔子倡导见利思义,教育人们要临财不苟得。同时他不否认利的重要性。"礼以义行,义以生利,利以平民,政之大节也。"可见他倡导的是以义为上、见利思义与取之有道相统一的义利观,并不是把义利对立的观念,孔子并不否认追求物质利益的观念,但这种利益必须是为天下百姓服务的利益。

孟子继承了孔子的思想,他说"生亦我所欲也,义亦我所欲也,二者不可得兼,舍生而取义者也"。主张以义制利、为了民族大义、不惜舍生取义的义利观。荀子则明确提出"先义而后利者荣,先利而后义者辱"。荀子认为应该先遵循道德,然后再追求利益,不要以利害义。他主张以公义胜私欲,反对唯利是求,保利弃义。可见他提倡的是义利并举的义利观。

董仲舒则把孔孟的义利观阐释为重义弃利,提出了"夫仁人者,正其道也不谋其利,修其身而不计其功"的思想,主张仁义道德的人应该谋其道德而不应追求其物质利益, 应该把修身齐家治国平天下的修身先做好,然后再考虑自己的功名利禄,他提倡道义高于利,认为如果"忘义而循利",就会"去理而走邪",如果每个人都一味追逐自己的物质利益,甚至不择手段,有违天下公理,那么治世理想就会越来越远了。

纵观儒家的义利观告诉我们,做人处事不能只顾"利"而践踏"义",在追求利益的时候,不能损害他人和社会的利益,正所谓"君子爱财取之有道",这里的"道"就是仁义,君子不取不义之财。儒家的义利观对于当前社会一些重利轻义现象和行为具有极其重要的启示意义。

不讲诚信危害大,见利忘义非君子

随着市场经济的日益发展,人民物质生活水平的不断提高,也许有人会问,我们还要不要讲诚信?讲诚信有没有过时?答案是我们无论何时都要讲诚信,诚信永远也不会过时,诚信依然是当代人必须恪守的准则之一。在全社会树立诚信之风的同时,还必须反对见利忘义。

人无信则不立

诚信是做人的根本。孔子在《论语·为政》篇提出了"民无信不立",认为人如果不讲诚信,那么他就难以在社会立足。周敦颐在《周子全书·通书·诚下》上提出"诚者,五常之本,百行之源。"认为诚是五常(仁、义、礼、智、信)的基础,亦是人的各种善行的根源。离开了诚,则离开了善行,必然会走向恶。人不是单个的人,而是社会上的人,人与人之间的交往要以真诚为基础,真诚体现在讲话言而有信,做事言必行、行必果。缺失了诚信,则缺失了别人的信任,失去了别人的认可,将使自己陷入孤立无援的境地。最终一事无成。所以,诚信是构建人格大厦的顶梁柱,没有诚信就无从谈人格,即使外表装饰再好,也只不过是五彩斑斓的肥皂泡而已,空洞而无实在内涵,因此,诚信是立人处事的根本,人无信则不立。

人无信则无友

人在社会中面临五种基本的人际关系,即夫妇关系、父子关系、兄弟(姐妹)关系、领导与下属关系、朋友关系。这五种基本的人际关系,在过去被称之为五伦。正所谓"近朱者赤,近墨者黑",身边的朋友会影响你的言行。孔子认为行为不端品德不正的人,绝不可与其交朋友。他说人活在世上要交三种朋友,"友直、友谅、友多闻",即正直、坦荡的朋友可以交,诚实、守信的朋友能交,见多识广、博学多才的朋友能交。那么如何才能交到这些好的朋友呢?当然只有以诚信为本,才能获得好的朋友的认可。诚信是交朋友的法则,朋友相交离不开诚信。《礼记》说:"著诚去伪,礼之经也。"诚就是真心实意,没有半点虚假。如果为人处事不讲诚信,待人不真诚,即使暂时交到好朋友,但时间久了也会被朋友抛弃。

家无诚则破

诚信是家庭和谐的准则,唐代著名大臣魏徵说:"夫妇有恩矣,不诚则离。"只要夫妻、父子和兄弟之间以诚相待,诚实守信,就能和睦相处,达到"家和万事兴"的目的。若家人彼此缺乏诚信、互不信任,家庭便会逐渐四分五裂。所以,诚信不但是建立家庭成员之间彼此尊重的准则,而且是建立家庭成员之间彼此团结友爱的准则,更是维系家庭成员和谐关系的准则。父母是孩子的第一个导师,孩子的言行举止受父母的影响很大。

俗话说“上梁不正下梁歪”，诚信是父母教育子女的主要内容，是培育孩子进入社会的一把阶梯。如果一个家庭互不讲诚信，互不被信任，那么这个家庭就会相互离间，变得破碎，最终丧失家的温馨，失去家的意义。

社会无诚信则乱

社会没有诚信，社会风气则会败坏，人心涣散。具体说来，如果缺乏诚信，社会成员就容易滋生见利忘义的恶习；社会没有诚信，人与人之间交往的互不信任，终将导致社会恐慌与社会无序。一个社会，如果不能形成一个讲诚信、守信用，说实话、办实事的社会风气，那么这个社会的风气就一定是冷漠的，类似于发生“小悦悦事件”也就不足为怪了。

我国正在构建的社会主义市场经济是信用经济和法制经济。“市有信则立，市无信则废”。市场经济的运行法则是通过建立相互信任的契约为保障的，而契约是要靠诚信来维持的，失去诚信，契约就难以维持，市场经济就无法正常运行。所以，诚信是市场经济的基本原则，市场上的各种竞争和谋取利益最大化的活动都应该而且必须建立在诚信的基础上，否则市场将无法做到买卖公平，生意有序，甚至连正常的交易活动都将出现混乱，坑蒙拐骗、缺斤少两等不法行为也会泛滥于市场，最终损害广大消费者的利益和社会发展的正常秩序。

商无信则业衰

诚信是商道的最高信条，古往今来，社会上一直把买卖人称作“商人”，把做买卖这个行为称作“经商”。古人经商讲究“君子爱财取之以道”，讲诚信，讲情义，以义为利，趋义避财，以诚信为本。胡雪岩是古代商人的典范，他以“戒欺”为经商之准则，成就了富可敌国的传奇人生，成就了他被后人称之为“商圣”的美名。诚信是商人的一种投资，这种投资不仅赢得了源源不断的利润，也赢得了众人的口碑。如果不讲诚信经营，产品质量不过关，只是注重一时的营销，可能会赢得一时的经济利润，但长此以往，必将声誉扫地。不讲诚信的企业或个人在商业活动中也必将步履维艰，甚至满盘皆输。

阅读材料

一个商人的故事

《郁离子》中记载了一个这样的故事:济阳有个商人过河时船沉了,他抓住一根大麻杆大声呼救。有个渔夫闻声而至。商人大喊:"我是济阳最大的富翁,你若能救我,给你一百两金子"。待被救上岸后,商人却翻脸不认账,他只给了渔夫十两金子。渔夫指责他不守信,出尔反尔。富翁说:"你一个打渔的,一生都挣不了几个钱,突然得十两金子还不满足吗?"渔夫只得怏怏而去。不料想后来那富翁又一次在原地翻船了。有人欲救,那个曾被他骗过的渔夫说:"他就是那个说话不算数的人!"于是商人淹死了。商人两次翻船而遇同一渔夫是偶然的,但商人的下场却是在意料之中的。因为一个人若不守信,便会失去别人对他的信任。所以,失信于人者,一旦遭难,只有坐以待毙。

国无信则亡

诚信是治理国家的法宝。《左传》指出:"信,国之宝也。"北宋时期的政治家王安石认为:"自古驱民在信诚,一言为重百金轻"。孔子在回答弟子子贡问他如何才能治理好一个国家时,孔子回答说:"足食,足兵,民信之矣。"子贡问孔子如果要先去掉一项,应去哪一项?孔子选择"去兵。"子贡又问孔子如果再去掉一项,该去哪项?孔子选择"去食"。孔子最终保留"民信",他认为"自古皆有死,民无信不立。"意思是说人总是要死的,但如果没有人民的信任,政府便维持不下去。可见,经济也好,军队也好,与民众的信任相比都是次要的。在当代社会亦如此,人民对政府的信任是政府存在的合法性依据,得到人民的信任,就能得到人民的支持,就能得到民心,就能赢得天下。古训说得好,"水能载舟,亦能覆舟",所以,政府要以诚信治天下,以赢得人民的信任和拥护。

阅读材料

烽火戏诸侯

周幽王是公元前8世纪周朝的最后一个君王。他当政的时候昏庸无道,不管理国家,整天在后宫和美人嬉戏。周幽王特别宠爱一个叫褒姒的妃子,什么都满足她,可是褒姒却总是不高兴,很少露出笑容。周幽王想了很多办法来逗褒姒,想让她笑一笑,可是,他越是想让褒姒笑,褒姒越是沉着脸,故意不笑。为了博得美人一笑,周幽王真是伤透了脑筋。

有一天,周幽王带着褒姒到外面游玩,他们到了骊山烽火台。周幽王向褒姒解释烽火台的用处,告诉她这是传报战争消息的建筑。那时候,从边疆到国都,每隔一定距离修一个高土台,派士兵日夜驻守,当敌人侵犯边境的时候,烽火台上的驻兵立刻点燃烽火,向相邻的烽火台报警,这样一路传递下去,边境发生的情况很快就能传到京城。而一旦国都受到威胁,骊山的烽火台也点燃烽火,向附属于周朝的诸侯国传递消息,诸侯国就会立刻派兵来援助。

褒姒听了周幽王的话后,不相信在这样一个高土堆上点把火,就能召来千里之外的救兵。为了讨得褒姒的欢心,周幽王立即下令,让士兵点燃烽火。烽火在一个接一个的烽火台上点燃,各地的诸侯很快就得到了消息,以为国都受到进攻,纷纷率领军队前来救援。

可是当各路诸侯匆忙赶到骊山脚下时,却看见周幽王正和妃子在高台上饮酒作乐,根本就没有什么敌人,才知道自己被国王愚弄了。诸侯们不敢发脾气,只能悻悻地率领军队返回。褒姒看到平时气度不凡的诸侯们,被戏耍后都是一脸的狼狈相,觉得很好玩,忍不住微微一笑。周幽王一见宠爱的妃子终于笑了,心里痛快极了。

等诸侯王都退走了以后,周幽王又让士兵再点燃烽火,诸侯们又急匆匆地带着军队赶来了。周幽王和褒姒一见诸侯们又上当了，在烽火台上一起哈哈大笑。就这样，周幽王反复点烽火，戏弄诸侯。最后，当烽火再点燃时，已经没有一位诸侯再上当了。

过了不久，周幽王想立褒姒为皇后，立褒姒的儿子为太子。为了达到目的，他废掉了皇后和太子。皇后的父亲是申国的国王，听到自己的女儿被废，非常生气，立刻联络别的国家，发兵攻打周朝。周幽王赶紧下令点燃烽火，召唤诸侯，可是诸侯们已经不再相信周幽王了，任凭烽火不断，就是没有一个诸侯前来救援。很快，周朝的国都就被攻破了，周幽王被杀死，褒姒被抓走，周朝灭亡了。

见利忘义，害人害己

见利忘义，意思是见到有利可图就不顾道德和正义，是典型的小人作为，是自私自利的表现，是脱离集体主义的表现，是与社会道德和正义背道而驰的行为方式，是社会唾弃的可恶行径。熟悉三国故事的人，大概都能记住吕布见利忘义的故事。吕布这个人善弓马骑射，臂力过人，武艺高强，被认为堪比西汉名将李广，同样有“飞将”的美誉。在民间甚至有“人中吕布，马中赤兔”一说，可见吕布也是一个难得的将才。然而他在董卓的赤兔宝马及金银珠宝的诱惑下，背信弃义杀死主公丁原，投奔董卓。而后又因王允的美人计，为了争夺貂蝉，刺杀义父董卓。最后，吕布被曹操所擒，曹操甚爱之，不忍杀之。但当他听刘备说了“明公(曹操)，您看见吕布是如何侍奉丁建阳(丁原字建阳)、董卓的吗！”之后，便果断下令处死。吕布惨死的原因一方面是因为曹操一向以猜忌见长，但更重要的原因还在于他本身是一个见利忘义的小人，完全不堪重用。当前社会，我们身边见利忘义的行为同样屡见不鲜，诸如地沟油、瘦肉精、毒奶粉、黑心棉，等等。这些见利忘义的行为不仅危及自身还危害社会，是遭人人唾弃的行径，因此，我们要明确反对这种自私自利的行为，在全社会树立诚信为本的风尚，以此共同维护和推动和谐社会的发展进步。

人人讲诚信，社会更美好

诚信是我国自古以来的优秀品德，是儒家为人之道的核心观点。诚信是当代社会最基本的伦理道德，是社会和谐的润滑剂。诚实是根，信誉是本。人无信不立，国无信则亡，家无信则破。不讲诚信，一个人就难以在社会立足，也无法成就事业。没有诚信，一个社会就会风气败坏、经济秩序则混乱、人心就会涣散，社会就会不和谐。因此，要努力构建诚信社会，采取有效措施“多管齐下”。

加强监管和引导力度

改革开放以后，我国实行社会主义市场经济体制，坚持以市场调节为主，大力发展市场经济，鼓励非公有制经济的发展。由于市场调节具有自发性、盲目性、滞后性的特点，加上一部分市场竞争者对利益的盲目追逐，往往丧失诚信之道，生产过程中偷工减料，制造大量的假冒伪劣产品，用坑蒙拐骗的手法欺骗消费者，从而堕入违法犯罪的深渊无法自拔。为此，政府要大力加强对企业的监管，确保他们诚信经营：一是加强工商行政管理局的监管力度，加强对假冒伪劣产品的查处力度；二是要加强对食品药品的监督管理，把监管的“手”伸入到原料、加工、流通各个环节之中，把好质量关，努力排查危害人民生命安全的各种劣质产品，严厉打击各种危害人民生命安全的违法犯罪；三是要加强对企业的税务监管，严厉打击偷税、漏税、骗税、逃税等违法行为。除此之外，政府还要加强对市场经济的宏观调控，做好对市场经济的信用引导，努力打造信用经济。

完善机制和法制建设

制度是一种规范，它是做好工作的根本，也是解决问题的关键。邓小平同志曾精辟地指出：“制度问题带有根本性、全局性、稳定性和长期性”，“制度好可以使坏人无法任意横行，制度不好可以使好人无法充分做好事，甚至会走向反面。”所以我们要加大制度建设，努力完善机制与法制的建设。古人云：“法者，国家所以布大信于天下也。”所以，首先，完善与诚信相关的法律法规，无论是引导社会成员讲诚信，还是打击违反诚信原则的不法行为都要做到有法可依；其次，要建立信用评价机制，努力构建信用评级系统，加强对企业信用评级、银行信用评级、公民个人信用评级等制度；最后，要在各行业中逐步建立失信惩戒制度，严厉处罚不讲诚信的个人、企业或其他团体。

大力普及诚信教育

诚信建设必须依赖教育。康德曾说:“人只有靠教育才能成人,人完全是教育的结果。”卢梭认为教育的目的就是要让受教育者“养成正当的习惯”。我国古代教育家也认为教育的目的就是要 “化民成俗”、“使人为善”。公民素质的提高和良好行为习惯的养成主要是靠教育,而教育主要靠思想来说服人、靠理论来指导人、靠行动来感染人,因为思想是行动的先导,行动又靠理论来指导。马克思曾经说过,“理论一经掌握群众也会变成物质力量。理论只要说服人,就能掌握群众;而理论只要彻底,就能说服人。”为此,首先,开展诚信教育必须依托诚信理论,深挖我国古人对诚信的见解,结合传统历史习俗,以生动活泼的形式向受教育者阐明什么是诚信,怎样践行诚信;其次,诚信教育要普及到社会各行各业,各种社会人群中,教育工作者要深入基层、深入一线,扩大受教育者范围;再次,学校要大力开展诚信教育,学校是公民完成文明教化的主要途径,是开启公民个人走向自我完善的必经之路。所以,诚信教育必然也是学校开展教育的重要内容,学校要把诚信教育贯穿于学生成才的始终,言传身教,让受教育者从内心里感受诚信之美,从精神上得到共鸣,从内心里树立诚信意识。学校要和受教育者的家庭建立起互相交流机制,及时反馈教育成效,共同建立起联动的督促机制,学校和家庭联手落实诚信教育。

做好榜样宣传工作

英国有句名言讲得好,“优良的示范是最好的说服”。榜样的力量是无穷的,它具有隐性的影响功能,能做到“随风潜入夜,润物细无声”。为此,首先,在诚信建设中我们要重视榜样的作用,努力挖掘典型,肯定榜样的价值。具体说来,就是多打造类似“感动中国”推选平台,深入群众,挖掘讲诚信的先进典型事迹,公开表彰诚信榜样;其次,要加大诚信榜样的宣传力度。一方面,各级各类专业新闻媒体要加大对诚信的宣传力度,设置专题报道栏目,打造诚信品牌节目,关注诚信榜样,深入挖掘他们的感人故事,从基层小人物的感人事迹中发现人性之美,弘扬他们的诚信品格,号召大家向榜样学习,做好舆论宣传引导工作,从舆论上赢得观众,引起社会的共鸣。另一方面,由于我们身处微博时代,人人都是“自媒体”,所以,要求每一个人都要用善于发现美的眼光去发现身边的好人好事，将他们的好人好事传输到网络空间，与大家共同分享榜样的诚信故事，共同学习他们的诚信品德，只要我们行动起来，社会风气就会逐渐好转，诚信之风就会布满人间。

营造社会诚信之风

马克思在《关于费尔巴哈提纲》里曾指出："人的本质不是单个人所固有的抽象物，在其现实性上，它是一切社会关系的总和。"人是社会的人，人的行为与思想受社会的影响和制约。为此，首先，我们要在全社会大力倡导"爱国守法、明礼诚信、团结友善、勤俭自强、敬业奉献"的基本道德规范，在全社会形成一股讲诚信，重诚信之风；其次，在全社会培育诚信意识，谴责弄虚作假、见利忘义、背信弃义之徒，让他们犹如"过街老鼠，人人喊打"；再次，鼓励社会成员广泛参与监督和自我监督，形成一股强大的社会舆论监督力量，确保社会成员都能做到诚信为本。

甘当一粒诚信的种子

有首歌叫《爱的奉献》曾经唱红中国，感动了无数人。歌词写道："只要人人都献出一点爱，世界将变成美好的人间。"讲诚信其实也是如此，只要人人都讲诚信，把自己打造成一粒影响他人和社会的诚信"种子"，古人向往的"路不拾遗，夜不闭户"的大同治世之梦也就不会遥远。诚信是人与人的交往及和谐相处的基础，是社会和谐美好的基石。为此，每个社会公民要增强诚信意识，从小培养诚实守信的良好品质。坚持从我做起，从小事做起，在日常生活中坚持讲实话，办实事，做踏实人，走踏实路。我们要做到许下的承诺努力兑现，对人守信，对事负责。我们要把诚信的良好品质落实到日常生活中的一点一滴中去，做一个诚信的人。坚持实事求是，按照诚信为人的守则去做；当利益分配出现矛盾时，要站在正义和人民的一边；当眼前利益与长远利益发生冲突时，要站在长远利益一边；在情与法的冲突中，要站在法律一边。每一个公民在做到自己讲诚信，努力践行诚信原则的同时，要以自己的力量积极主动去影响周围的人加入到讲诚信队伍中来，人人都出一把力，一点一滴努力构建起全社会讲诚信、践行诚信的良好氛围。最后，任何个人、单位或团体都要争当诚信榜样，自觉带头，模范遵守有关诚信的规章制度，做好本职工作。只有这样我们的社会才能和谐融洽，我们的人民才能享受到幸福美好的生活！

知法守法要记牢

——以遵纪守法为荣,以违法乱纪为耻

法分明则贤不得夺不肖,强不得侵弱,众不得暴寡。

——韩非

“红灯停,绿灯行,黄灯亮了等一等”的交通规则是维护道路畅通,保证行人和车辆安全的重要交通法规,对人们的出行安全起着重要的外部规范作用。而要从根本上保证交通的畅通和机动车辆及行人的安全,不仅需要制定相关的交通规则,最根本的是需要行人和车辆遵守交通规则。同理,作为正在建设中的法治国家,不仅需要制定完备的法律体系,还需要培养遵纪守法的高素质公民,因此,树立“以遵纪守法为荣,以违法乱纪为耻”的荣辱观念,对我们建设社会主义法治国家及社会稳定和有序发展有着至关重要的意义。

以法为鉴,知法守法

如何平衡天平

天平作为一种衡器,一盘置所称物,一盘置砝码,以称物体。当两个盘内的重量相等时,天平便会平衡。天平需要砝码来平衡,社会同样需要一个制衡器来平衡各方面的利益,这个制衡器就是法律法规。法律法规是人与人之间的利益平衡器,是维护社会公平正义的重要手段。纵观人类历史的发展历程,法治思想由来已久。早在公元前一千多年前,古代巴

比伦国王汉谟拉比就主持颁布了《汉谟拉比法典》,它是迄今世界上最早的一部完整保存下来的成文法典,对后世立法产生了重要影响。中国的法治思想同样久远。早在春秋战国时期,著名政治家管仲就认识到“法者,天下之程式也,万事之仪表也”。他强调法是治国的标尺,是社会的客观准则,如果没有法,国家将混乱不堪,人们的行为将没有规矩约束。法之所以这么重要,其根据在于法本身是公平正义的。百家争鸣时期,以商鞅、韩非为代表的法家思想与儒家、道家学说一道成为当世显学。商鞅认为:“法令者,民之命也,为治之本也。”韩非也认为:“治民无常,唯治为法。”他极力主张法治,提出重赏、重罚、重农、重战四个政策,这些思想最终为秦国统治者所采纳,对秦始皇统一六国从根本上产生了积极的推动作用。

当然,现代所强调的建设社会主义法治国家,在社会主义法治理念中所蕴藏的依法治国的思想不同于古代奴隶制和封建统治时期服务于专制主义的法治思想和法律制度。胡锦涛在党的十七大报告中强调,发展社会主义民主政治,要坚持党的领导、人民当家作主、依法治国有机统一。这说明当代社会主义法治国家的建设是在中国共产党领导下的、以服务于广大人民群众为目的的、以人民的根本利益为出发点的一整套实现国家治理的基本方略。

我国社会主义法制体系所体现的是人民的意志,法律法规所规定的权利义务是人民意志的体现,但法律有效性的发挥要以服从和遵守为基础,即每个公民必须尊重法律的权威,维护法律的尊严。所以,法律作为一种调控社会关系、平衡各方面利益的手段和武器,要维护社会稳定主要靠一方对另一方的承认与遵守,这就需要社会成员知法、懂法、守法、用法,坚持遵纪守法,并同违法犯罪行为作斗争。

遵纪守法是权利与义务的统一

所谓遵纪守法,是人们按照法律法规的有关规定行事,能正确行使法律赋予的权利,自觉履行法律规定的义务。社会主义法治国家中的公民已经不是封建统治时期的被奴役者,也不是资本主义社会中的被剥削者,而是拥有真正平等地位的社会主义劳动者和建设者。我国《宪法》明确规定,“国家尊重和保障人权”,“任何公民享有宪法和法律规定的权利，同时必须履行宪法和法律规定的义务”。可见，遵纪守法是权利与义务的统一，公民在享受宪法所赋予的政治权利、自由权利、人格尊严权利、劳动权、财产权、受教育权等权利的同时，也必须履行相应的义务，如“中华人民共和国公民在行使自由和权利的时候，不得损害国家的、社会的、集体的利益和其他公民的合法的自由和权利。”

坚持遵纪守法是体现社会公德的基本要求。社会公德是全体公民在社会交往和公共生活中应该遵循的基本行为准则，由于社会是由个人组成的有机体，社会的和谐统一与有序发展和每个人的行为息息相关，而个人也无法脱离社会而存在，维护社会公共利益是个人利益得以实现的基础和前提。所以，作为社会中的个人，必须在公共场所遵守大家彼此公认的最起码的、最基本的生活准则和道德规范，以使社会得以有序运转，保障个人权益的实现。《汉谟拉比法典》卷首语指出：“我在这块土地上创立法和公正，在这时光里我使人们幸福”，就体现出法律的终极意义。例如，在商品经济活动中，一方面，经济法律法规必须就利益双方或多方的权利义务在契约的制定、合同的履行、违约责任的承担等一系列环节中予以明文规定，如果一方违约，甚至违法，那么必须严格按照相关法律法规予以惩治，否则法律法规将失去权威性，以致违法犯罪现象屡禁不止。另一方面，经济活动中的每一个行为体也必须自觉遵守法律、法规制定的权利义务，如此才能实现各方利益的最大化，避免出现不必要的纠纷，对各方和社会经济秩序造成危害与损失。

坚持遵纪守法还体现为富有正义感，敢于同违法乱纪、危害社会公平、正义的犯罪行为作斗争。当发现有人做出损害国家或集体利益，有违社会公平正义的事时，应及时制止和举报，以维护国家和人民的利益与社会秩序的稳定。而且，法律面前人人平等，任何人都不能凌驾于法律之上，任何违法犯罪行为都将受到法律的制裁。所谓“法不阿贵”、“刑过不避大臣，赏善不遗匹夫”就是这个道理。但遵纪守法并不意味着消极守法，而是要求作为一个人必须以“修身”为要，必须做到“慎独”，无论何时何地，抑或为民为官，有人监督还是无人看管，都要做到严于律己，不贪不占，时刻培养遵纪守法的高尚道德品格。

阅读材料

廉吏杨震夜却金

中国政治传统虽然含有浓厚的人治色彩，但历史上不乏廉洁奉公、执法如山的清官廉吏，其德行在各个历史时期都受到人们的赞颂。他们坚持“从来三尺贵持平，莫把愚民苦用刑，人命关天非细事，举头岂可没神明”的秉公执法原则；坚持明察暗访、认真破案，不随意草菅人命的慎刑原则；坚持不畏权贵的铁面无私品格；坚持拒腐倡廉，追求道德上的高尚与完善。如《杨震暮夜却金》就是东汉廉吏杨震巧妙拒贿的故事。故事称：杨震升迁东莱太守，往东莱郡上任时，路过昌邑县，原先他所推荐的秀才王密，这时做昌邑县令，有一天夜里，他怀揣十斤金子打算赠送给杨震。杨震说：“作为老朋友，我是了解你的，你却不了解我，这又是怎么回事呢？”王密说：“这么晚了，没有人知道这事。”杨震说：“天知，神知，我知，你知，怎么能说没人知道！”王密听闻此语，惭愧地离开。

不以规矩，不成方圆

国无法不治，民无法不立。人人守法纪，凡事依法纪，则社会安宁，经济发展。社会发展和个人行为倘若没有法纪的规范，失去法度的控制，各项秩序就无从保证，人们生存、发展的环境就会遭到破坏，所谓让人民群众安居乐业也不过就是一句空话了。所以，我们强调和弘扬“以遵纪守法为荣，以违法乱纪为耻”的社会主义荣辱观，就是要进一步告诫人们，一国人民的幸福安康，一个国家的长治久安，一个社会的和谐发展和繁荣昌盛，离不开正常秩序的构建和维护，离不开法纪的规范和引导。

遵纪守法是公民维护和发展自身权益的条件

一定社会历史条件下的个人都应该享有生存、发展等基本的权利，也就是所谓的人权，“就其完整意义而言，就是人人自由、平等地生存和发展的权利，或者说，就是人人基于生存和发展所必需的自由、平等权利”。这意味着个人依法享有生命、人身和政治、经济、社会、文化等各方面的自由平等权利。

我国人权观的基本原则之一是权利与义务的统一，公民在维护人权,追求个人合法权益时,不能损害他人的正当权益,不能破坏宪法与法律的尊严。这意味着追求人权自由并不是可以不负责任地为所欲为,而应当承担相应的责任,这种责任是对他本人行为的自我节制,对他人自由的尊重,更是实现个体自由的前提条件。中国传统观念中,诸如“打老婆”、“打孩子”这些“家暴”现象被认为是天经地义的,至多被认为是不道德的,会受到家人邻里和单位组织的批评,甚至有人认为“清官难断家务事”,对此置之不理。但是在今天,法律对家庭暴力有了明确的态度,该行为不再只是“家务事”,而是严重侵犯了人权,属于违法犯罪行为。由此可见,法律不仅是追求个人权益的前提,也是保障个人权益自由的条件,而且稳定的社会环境和经济、政治、社会、文化等的发展,都离不开法律的保障。

人权的目的性价值表现为自由与尊严,即对个人自由的尊重。自由的本性就在于免于外部强制,那么,法律的存在是绝对必要的,只有这样,国家才可能通过足够的强制力量以防止个人实施强制。可见,法律的目的不是废除或限制自由,而是保护和扩大自由,法律明确规定了个人在现实生活中的行为模式及其法律后果,从而使行为主体对自己的行为增强了预测性,扩大了行为选择的自由度。所以,每个公民都应该自觉遵守法纪,在法律范围内发展自身权益,追求个人自由,这也是个体的广泛权利和自由的实现条件。

遵纪守法是建设社会主义法治国家的必然要求

1997年党的全国第十五次代表大会上,党中央提出“健全社会主义法制,依法治国,建设社会主义法治国家”的目标。1999年3月,第九届全国人民代表大会第二次会议将“依法治国,建设社会主义法治国家”的治国基本方略和奋斗目标载入宪法。2006年提出的“以遵纪守法为荣,以违法乱纪为耻”的荣辱观符合依法治国的基本方略,是建设社会主义法治国家的必然要求。

强调法治是由法律自身的属性和特点决定的。首先,法律体现的是整个统治阶级的共同意志和利益，它不受领导者个人的主观色彩和偏私的影响，具有更大的公平性；其次，法律具有普遍的约束力，从执政党和国家的高层领导人到一般群众都要遵守；再次，法律具有稳定性、连续性和权威性，可以使全社会的政治、经济、文化朝着一个共同的目标有序地发展。

建设社会主义法治国家，不仅要依靠法律制度，还需要将外在法律规范转化为人们的内心自觉，才能得到切实贯彻执行。因为不管是社会成员默认的规则，还是书面的语言规范，只有当它体现为人们实际的行为模式时，才是真正意义上的制度，否则就只是空洞的观念。如此看来，人作为法律制度创设和运作过程的主体，是法治建设过程中最关键、最活跃的因素。因此，我们不仅要有反映人民意志和利益、符合社会正义的标准和价值的“良法”，而且要让社会公众感受到法律是与自己的现实生活不可分离的，只有通过法律获得正义需求的满足才是最佳途径，自觉地将法律规则作为自己的行为准则，形成社会公众与法律之间的和谐关系。

遵纪守法是社会和谐发展的有力保障

和谐社会的实质是权力的正当合理运行与权利的充分有效保障，这需要法治作外在保障，通过法律调整社会各方面的利益关系，使社会公平和正义得到维护和彰显，人们各尽其能，各得其所，激发社会活力与创造力，才能实现社会秩序良好，人民安居乐业，社会安定团结。

社会是人们在相互作用中彼此发生联系和关系的总和构成的关系系统，在社会中，群体和个体相互之间存在着利益的差异、重叠性冲突，没有秩序就会弱肉强食，人人自危不可避免。而法的价值就在于消除混乱，维护安全，调节利益冲突，从而避免社会失序。因此，法实际上是社会秩序的调节机制，法的强制性确保社会秩序免遭任何非法的破坏和干扰，而社会成员对法的自觉遵守则是法的秩序价值的实现。如“酒驾入刑”，就是通过法律的强制力来保证人民的交通安全，社会秩序稳定。

阅读材料

“酒驾入刑”:法律强制力保障人民的生命安全

近年来,随着我国经济的高速发展,全国的公路通车里程、机动车以及机动车驾驶人数不断增加,导致我国的道路交通事故居高不下,在所有导致死亡的道路交通事故原因中,酒后驾驶排在超速行驶、不按规定让行和违法占道行驶之后,居第4位。从1994年到2004年的10余年间,因酒后驾驶而导致的死亡人数占事故总死亡人数的比例由1994年的2.0%上升到2004年的4.4%,平均每年以7.3%的速度增长;导致的事故起数每年以17.4%的速度增长,导致的死亡人数平均每年以13.5%的速度增长。

由此可见,酒后驾驶已成为引发交通事故特别是恶性交通事故的罪魁祸首。而简单的经济处罚或者拘留已经不足以震慑酒后驾车、城市飙车等危害公共安全的危险行为,因此,只有通过立法将醉驾定性为犯罪行为,才能有效打击酒后开车,保证人们出行安全。

但和谐社会不应把人变为机械规则的附属,用冷冰冰的权利义务关系取代人与人之间的感情与和谐,一味地惩治人性恶的一面,也可能压制人善良的一面。子曰:“道之以政,齐之以刑,民免而无耻;道之以德,齐之以礼,有耻且格。”司马迁曾言:“法令者,治之具,而非制治清浊之源也。”这意味着,把法律当作惩治违法的工具,仅采用严刑峻法,并不能从根本上使社会有序运行。而应该用道德教化的力量从心理上对人进行根本的教化与改造,使人心善良,知耻而无奸邪之心,这种积极守法意识,是法律制裁不能办到的。

因此,“以遵纪守法为荣,以违法乱纪为耻”,对个人而言,是将法律要求提升为人的社会生活道德规范,用人内心的道德力量严于律己,不做有违道德标准的事。对社会而言,树立社会主义荣辱观,就是通过旗帜鲜明地告诉人们什么是光荣的、什么是可耻的来明确社会道德标准,用一个明确的道德体系来指导和统一人们的思想观点、价值标准和行为习惯。

法德合一，自律自觉

在深化改革、扩大开放的过程中，我们不可避免地会遇到各种各样的矛盾和问题。实践证明，面对这些矛盾和问题，只有坚持民主法制，依靠完备的法律体系和良好的法治环境，社会才能有章可循，有法可依，才能减少和协调好各类社会矛盾，也才能使已经产生的矛盾和问题得到及时有效解决。这就要求，我们要在广大人民群众中，继续加强法制宣传教育，通过各种渠道传播法律知识，弘扬法治精神，增强全社会成员的法律意识，力争形成法律面前人人平等、人人自觉守法用法的良好社会氛围。

增强法律意识，弘扬法治精神

在建设社会主义法治国家的进程中，每个公民都应当学法、知法、守法、用法，因为只有学法才能做到知法守法，只有知法守法才能用法，保护自己，维护公平和正义。“千里之堤，毁于蚁穴”，巩固法律之堤，需要大力普及法律知识，弘扬法治精神，以提高公民的法律意识，增强公民的守法观念。

意识指导行动。只有认真学法、用法，才能维护自身权益不被侵害。因为法律意识淡薄，更易做出违法乱纪的事情而不自知，同时也容易出现公民权益被侵害，却不能及时采取制止措施。比如，市场经济条件下，商品交易种类繁多，有的厂商和企业利用消费者对产品或销售方法不知情的漏洞，故意设置“消费陷阱”，诱使消费者上当受骗，如虚假套餐；有的则利用垄断地位设置“霸王条款”，剥夺消费者的合法权益，而由于消费者的主体意识不强，当个人利益受到损害时，只是自认倒霉，并不会诉诸法律。

阅读材料

“玩强制”，消费者可请求双倍担责

2011 年 4 月 11 日，舒某与一家美容中心签订了一份美容

服务合同，约定舒某出5000元办张美容卡，中心实行减半收费。次日，经过两次洁面后，美容师拿出一盒粉红色膏体说要做皮肤检测，做完半边脸时，才告诉舒某此种检测不属于优惠范围，舒某当即拒绝。可美容师说如不继续，已经做过检测的脸会出现红疹等过敏现象，与另一边脸也不对称，迫使舒某就范。类似强制消费的还有经营者在消费者持卡购买商品、体验服务后却开出天价账单，或采取“迂回战术”，号称“服务免费，产品不免费”等。据《消费者权益保护法》，美容中心的行为不仅属强迫交易，而且构成欺诈，应当双倍赔偿。因此，遇到类似强制消费或虚假宣传，我们应该利用法律来维护个人权益。

所以，在大众传媒盛行的时代，我们应该充分利用电视、报刊、网络等各种媒介来大力宣传，通过专题讲座形式讲授法律知识，如利用“3·15”国际消费者宣传日和“12·4”全国法制宣传日等特定日期进行法律知识的宣传，使人们对法律警戒线有一定认知，提高法律素养。当个人的权益受到损害时，学会用法律武器来保护自己，勇于同不法分子作斗争，使全社会的法治氛围得到提升，促使人们养成遵纪守法的良好行为习惯。

在普及法律知识的同时，还应弘扬法治至上的精神，树立法律的权威。对犯罪分子而言，法律的强制力是必不可少的工具，通过惩罚敢于以身试法的不法之徒达到威慑和教育作用，并使其他人因为害怕法律后果而服从法律权威。但法律权威还有另一个因素就是自愿服从，如道德守法、习惯守法，二者属于自愿服从的范畴。道德和习惯都是内在强制，是人们行为的内在准则和依据，法律要真正为人心所归服，需顺应这些道德和习惯，使人们主动讲文明，守礼法。

“没有法律的保障，违法者不受制裁的示范效应，势必削弱人们遵守道德规范的自觉性；没有道德的制约，人们就可能想方设法不被法律抓住，而不是自觉遵守法律的约束。”所以，我们要把法制建设与道德建设紧密结合起来，把依法治国与以德治国紧密结合起来，在立法、法律适用的领域遵循法治原则，不得以任何道德的理由超越、忽视甚至突破法律界限；但在社会生活的其他领域，必须运用道德教化理念引导社会朝着健康和谐的方向发展。

健全法律体系，树立法治理念

2011年3月10日，在十一届全国人大四次会议上，吴邦国委员长郑重宣布："中国特色社会主义法律体系已经形成，国家经济建设、政治建设、文化建设、社会建设以及生态文明建设的各个方面实现有法可依"。这标志着建设社会主义法治国家的历史进程进入了新的阶段，站在了新的起点。但是，社会实践永无止境，会不断出现新情况，新问题，法律体系必须在发展中不断完善自己。如"十二五"规划纲要明确提出："坚持科学立法、民主立法，完善中国特色社会主义法律体系。""完善行政执法与刑事司法衔接机制，推进依法行政、公正廉洁执法。深化司法体制改革，优化司法职权配置，规范司法行为，建设公正高效权威的社会主义司法制度。"

健全的法律体系是遵纪守法的前提与基础，社会主义法制建设的基本内容和总的要求，使我们的宪法更加完备、周密、准确，做到"有法可依，有法必依，执法必严，违法必究"，切实保证人民真正享有管理国家各级组织和各项企业事业的权利，享有充分的公民权利。如果有人怀有侥幸心理，钻法律的空子，造成无法可依的局面，就会使人们产生不平衡心理，扰乱社会正常秩序。

树立法治理念，一方面根据建设有中国特色社会主义理论，应当遵循依法治国、公平正义、公正司法、司法为民等具体理念。如依据法律管理国家和社会事务，而不是依个人的旨意对国家和社会进行管理；确立以宪法和法律为治国的标准，而不是行政指示、领导人讲话等等。执法人员必须坚持职权由法定、有权必有责、用权受监督、违法受追究；坚持一切为了人民，权为民所用，利为民所谋。

另一方面，每个公民要深刻认识社会主义法治的内在精神、信念与价值要求，遇到任何困难或纠纷，如发生交通事故或遇到敲诈勒索不要冲动，要理性地依法处理。在我国，人民的根本利益是一致的，但随着社会主义市场经济的发展，社会经济成分、组织形式、就业方式、利益关系和分配方式日益多样化，于是，共同利益与特殊利益、全局利益与局部利益、长远利益与眼前利益的矛盾突出了。在这种情况下，遵纪守法意味着公民应该具有一种理性意识，正确地看待个人与国家、集体的关系，而不是盲目无条件地牺牲个人,学会依据法律来处理这些关系。

普及法制教育从娃娃抓起

“少年强,则国强”。国家的未来还需靠广大的青少年,因此,要培养人们遵纪守法的良好行为习惯,就需要普及法制教育,从娃娃抓起,鼓励青少年以遵纪守法为荣,养成自觉遵守各项规章制度的好习惯。

一份来自中国青少年犯罪研究会的统计资料表明,近年来,青少年犯罪总数已经占到了全国刑事犯罪总数的70%以上,13岁以下的青少年犯罪明显增加,其中十四、五岁少年犯罪案件又占到了青少年犯罪案件总数的70%以上。花季少年,本应拥有属于自己的自由天空,然而,为何走上犯罪的道路?青少年处于人格的形成时期,好奇、敏感、爱冒险、好占上风,喜欢模仿却辨别能力弱,是青少年普遍的心理特性。一些学生缺乏善恶、真假、美丑、荣辱的鉴别能力,对社会生活中的某些消极影响缺乏免疫力,就容易步入歧途。

因此,加强对青少年的法制教育,是一个急需关注和重视的社会问题。“法者,辅治之具,当以教化为先”。我们不仅要用法律来规范他们,更应该用道德来教化他们,使他们形成正确的荣辱观,养成自觉知法守法的好习惯。俗话说,“不以恶小而为之,不以善小而不为”。如果青少年自我放纵任何不好的行为,则很有可能酿成大祸。因此,要防微杜渐,家庭、学校、社会各界要为青少年树立良好的榜样,引导他们树立正确的世界观、人生观、价值观,对他们倾注更多的关爱,使他们感受到社会的真美善,在良好的社会风气下健康成长。

随着互联网的发达,各类网络谣言经常出现,青少年是网络社会的主力军,他们对网上信息的判断能力较差,稍不注意就会陷入谣言的陷阱。因此,我们在加强法律力度严厉打击互联网造谣行为的同时,也要教育引导青少年自觉抵制谣言,增强他们对善恶的分辨能力。2012年4月9日由中国青年网、未来网、中国青少年网络协会向全国青少年发出的“坚决不信谣、不传谣”的倡议,对广大青少年提出了明确要求,并得到他们的广泛支持与响应。

阅读材料

青少年坚决不信谣、不传谣倡议书

在互联网信息技术高速发展、网民人数迅猛增长的今天，网络谣言已成为互联网世界里最大的“病毒”，不仅导致社会诚信缺失，危及网络事业健康发展，而且致使我国青少年是非判断、道德品质以及审美情趣、文化心态等受到严重冲击。为营造良好网络文化环境，引导广大青少年合理使用网络、远离网络“糟粕”，增强自身辨别是非、抵御网络谣言的能力，中国青年网、未来网、中国青少年网络协会特向广大青少年网民朋友们郑重倡议：

一、树立法律意识，严格遵守互联网法律法规，积极践行文明上网，自觉远离网络谣言，坚决斩断网络谣言传播链。

二、增强社会责任感，强化道德正义感，站稳立场，明辨是非，切实做到不信谣、不传谣，让网络谣言失去滋生的土壤。

三、加强自我学习，学会自我约束，增强辨别谣言、抵制谣言的能力，逐步树立成熟阳光的网络公民心态。

四、主动参与到抵制网络谣言的行动中去，积极揭露和举报网络谣言，力争消灭谣言产生的温床，坚决做网络健康环境的维护者。

广大青少年网民朋友们，让我们行动起来，自觉抵制网络谣言糟粕，携手营造一个清新、健康、积极向上的互联网共有家园，为推动我国互联网事业的健康发展做出自己的贡献！

——中国青年网、未来网、中国青少年网络协会

现代文明社会，培养遵纪守法理念不是对人们自由的限制，而是为了使社会更加自由有序，和谐发展。遵纪守法，不仅是一种遵循，也是一种生活方式，一种价值理念，日常生活需要这样一种理性精神来指导行为，使人们不盲目冲动，不损人利己，更不违法乱纪。人人都接受法律的约束，人人都从遵守法律中获得自由；人人都享有法律的保护，人人也都

负有维护法律的责任。“以遵纪守法为荣,以违法乱纪为耻”为人们实现理想、追求幸福铺就了一条康庄大道,为社会良性运行、和谐发展提供了有力保障。

成由勤俭败由奢

——以艰苦奋斗为荣，以骄奢淫逸为耻

人类要在竞争中求生存，更要奋斗。

——孙中山

2009年上映的电影《铁人》受到大家的广泛关注，影片生动再现了半个世纪前的那场石油大会战，刻画了以“铁人”王进喜同志为首的英雄群体，在为祖国开采石油的路上虽然困难重重，但是他们充分发扬艰苦奋斗精神，战天斗地，“没有条件创造条件也要上”，为新中国的石油工业奠定了坚实基础。该片让国人重温了共和国建设者们的创业历程，给广大观众以深刻的思想启迪，特别是弘扬了中华民族深感自豪的艰苦奋斗精神，使观众在一次次震撼的场面中得到了精神洗礼和情感升华。

在新形势下谈论艰苦奋斗的问题，或许有的朋友会说，如今社会发展进步这么快，无论经济上还是科学技术上，无论讲个人的收入还是讲国家的整体发展水平，似乎都有点是多余了，既没有新意也没有必要。甚至有的人说，如果讲艰苦奋斗多了，会不会影响消费，消费不积极，会不会影响国家经济建设发展速度。按照“以艰苦奋斗为荣，以骄奢淫逸为耻”的社会主义荣辱观的要求，以上想法和担心都是不正确的，我们应当认真澄清，自觉提高思想认识，增强牢固树立发扬艰苦奋斗思想的紧迫感。

克勤于邦，克俭于家

源远流长的传统美德

数千年文明历史长河中，中华民族一直以勤劳勇敢、艰苦奋斗著称于世。艰苦奋斗作为中华民族的传统美德，是一种精神、更是一种品质，是指不畏艰难困苦而英勇顽强地拼搏和斗争，主要表现为勇于进取、自强不息、苦干实干、知难而进、拼搏创新、励精图治的精神风貌与思想品质。古代传说中的夸父逐日、女娲补天、精卫填海、愚公移山、大禹治水的故事，流传千古，向我们生动地讲述着这么一种锲而不舍、不屈不挠的艰苦奋斗精神。

以艰苦奋斗精神来检验公民的道德水准和我们民族的精神状态，体现了中华传统道德文化的智慧，古人对艰苦奋斗精神的崇尚，总是同提倡勤俭、反对奢侈享乐的思想联系在一起的。

《左传》中提到："民生在勤，勤则不匮"，认为人民的生计依赖于辛勤劳动，只有勤于劳动，生活财物才不会匮乏。墨子作为特别强调"节俭"的思想家强调"节俭则昌，淫佚则亡"，意思是说，只有提倡勤俭节约才会昌盛发达，只知淫佚享乐必然招致灭亡。墨子还提出"力事百强"，认为"态不强者智不达"，所谓"强"，就是提倡勤劳于事，做事不能倦怠。孟子曰："天将降大任于斯人也，必先苦其心志，劳其筋骨，饿其体肤，空乏其身……。"荀子也讲："以修身自强，则名配尧禹。"这些论述成为千百年来鼓舞中华儿女在困境中依然永不言弃的励志名言。

骄奢淫逸则相反，它是一种道德污垢，原指骄横、奢侈、荒淫、放荡四种恶习，表现为贪图享乐、惧怕艰苦、得过且过、骄纵专横、奢侈浪费、纸醉金迷、荒淫无度的腐败现象与卑劣品质。

一个"骄"字，飞扬跋扈，骄横霸道，刚愎自用，唯我独尊，讳疾忌医，听不进批评话，对不同意见者打击报复，实施加害；一个"奢"字，奢侈华丽，劳民伤财，铺张浪费，挥霍无度，整天沉醉于花天酒地之中，纸醉金迷，讲排场、摆阔气，比富斗富；一个"淫"字，醉生梦死，荒淫无度；一个"逸"字，贪图安逸，玩物丧志，追求舒适享乐，一心经营自己的安乐窝，一人得道，鸡犬升天，夫贵妻荣，父功子荫，不思进取，无所用心。

艰苦奋斗和骄奢淫逸这两种截然不同的荣辱观，造就不同的国家、不同的民族和不同的个人。事实证明,任何一个国家、民族,如果骄奢淫逸成风,享乐主义盛行,就不会有什么希望。艰苦奋斗是中华民族几千年来的文化积淀和精神象征,“以艰苦奋斗为荣,以骄奢淫逸为耻”的荣辱观是对中国优秀传统道德的继承和发展。今天,要促进良好社会风气的形成和发展,必须按照荣辱观的具体要求,认真领会内涵,踏实践行,明于荣辱之分,做当荣之事,拒为辱之行。

阅读材料

“刺股”精神

战国时期,有一个人名叫苏秦,年轻时,由于学问不深,虽然到很多地方做事,却不受重视,“大困而归”。回家后,家人对他态度冷淡,“兄弟嫂妹妻妾窃皆笑之”。这对他的刺激很大。于是,他下定决心,发奋苦读。因为常常读书到深夜,很疲倦,常打盹,直想睡觉。为了多读书,他想出了一个方法,准备了一把锥子,一打瞌睡,就用锥子往自己的大腿上刺一下。猛然间的疼痛使自己清醒起来,以便坚持读书。多年的勤奋,换来了回报,苏秦最终成为一名有所成就的政治家。

为了弘扬这种艰苦奋斗的精神,后人将汉朝人孙敬“头悬梁”和苏秦“锥刺股”的两个故事合成“悬梁刺股”或“头悬梁,锥刺股”一句成语,用以激励人们发愤读书,艰苦奋斗。

东方魔力,兴国之风

艰苦奋斗精神是艰苦年代提出的必要要求,它不仅仅是我们党的优良传统,也是革命战争年代克敌制胜的法宝。在党的历史上,中国共产党及其所领导的人民军队就是靠艰苦奋斗起家,也是靠艰苦奋斗不断发展壮大,不断走向胜利的。可以说,一部中共党史,就是一部艰苦奋斗史。

1927 年 10 月,毛泽东同志率领工农红军在井冈山创建了第一个农村革命根据地,作为中国革命的摇篮,这里见证了老一辈无产阶级革命家和战士们的不平凡经历。当时生活极端困难,军民用必需品极端紧缺,红米饭南瓜汤,寒冬腊月两层单衣,木板当床稻草当被,伤口只能用石灰水冲洗。但是,中国工农红军在党的领导下,不畏困难,怀着对新社会的向往和坚定的革命信念,以苦为乐,以非凡的智慧和毅力,想尽一切办法大搞生产自救,用自己的双手解决现实困难,"坚定信念、艰苦奋斗,实事求是、敢闯新路,依靠群众、勇于胜利。"书写了中国革命史上光辉灿烂的"井岗山精神"。

1934 年 10 月到 1936 年 10 月, 中国工农红军主力开始大规模战略转移,这就是著名的二万五千里长征。漫漫长征路上,不仅有枪林弹雨,还有急流险滩、雪山草地,更有饥饿、寒冷、疾病等难以想象的困难。"雪皑皑,野茫茫,高原寒,炊断粮"。面对各种险恶的环境,"红军都是钢铁汉,千锤百炼不怕难。雪山低头迎远客,草毯泥毡扎营盘。风雨侵衣骨更硬,野菜充饥志越坚"。胸怀对共产主义和革命事业的坚定信念,这群优秀的青年创造了人间奇迹, 红军战士不畏千难万险的革命英雄气概,铸造了为后人所颂扬的不怕牺牲、自强不息、艰苦奋斗的"长征精神"。

1940 年, 在抗日战争最困难的时期, 我们党一方面需要应对日、伪"铁壁合围"式的扫荡,又要应对连续三年的自然灾害。毛泽东同志说:"我们曾经弄得几乎没有衣穿,没有油吃,没有纸,没有菜,战士没有鞋袜,工作人员在冬天没有被盖的困境。"但是,我们党坚决克服物质上的一切困难,响应毛主席的号召,"自己动手,丰衣足食",轰轰烈烈地开展了大生产运动。毛泽东同志在延安杨家岭亲自开荒种地;周恩来同志尽管右臂负过伤,却学会了纺织,并在中直机关纺线比赛中被评为纺织能手;朱德总司令种植玉米、西红柿、萝卜,年年丰收;王震率领的三五九旅,更是把荒草丛生、野狼成群的南泥湾建设成为"处处是庄稼,遍地是牛羊"的"陕北好江南"。这就是以自力更生、艰苦奋斗为核心的"延安精神",它谱写了可歌可泣的历史篇章,是我们党最可宝贵的精神财富。

居安思危,戒奢以俭

艰苦岁月里的要求

艰苦的生活并没有因为新中国的成立而画上句号。建国以后,中国又陷入了新的困境——市场不稳、物价猛涨,总而言之,经济秩序混乱,人民生活水平低下。在这样的困难时刻,毛泽东在 1957 年《关于正确处理人民内部矛盾的问题》一文中强调："要使我国富强起来，需要几十年艰苦奋斗的时间，其中包括厉行节约、反对浪费这样一个勤俭建国的方针。"历史也证明，在我们党的带领下，全国人民充分发扬艰苦奋斗精神，战胜了各种困难，为我国的进一步发展奠定了坚实的基础。

改革开放后，邓小平同志指出："中国搞四个现代化，要老老实实地艰苦创业。我们穷，底子薄，教育、科学、文化都落后，这就决定了我们还要有一个艰苦奋斗的过程"，"在相当长的一段时间里，我们不能不提倡和实行艰苦创业"。抗洪精神、抗击非典精神、载人航天精神、抗震救灾精神等民族精神就是艰苦奋斗精神在社会主义建设时期的具体表现。

阅读材料

英雄在洪水中永生

李向群是来自海南省琼山市东山镇的一名优秀青年。1998年夏天，长江干流洪灾肆虐。李向群于8月7日提前结束探亲假返回部队，奔赴湖北参加抗洪抢险。第一次抢险他是全营扛包最多的一个人。险情面前，他总是不顾危险，亲自扎猛子查堵渗水洞。8月17日凌晨，李向群在连续奋战14个小时后，开始感到头昏发热，但只是瞒着别人偷偷吃了几片感冒药。17日下午，他第一次昏倒在地，高烧40度，被战友强行送进了卫生队。8月19日，当险情又一次出现，李向群拔掉针头，奔上大堤。为了减轻头痛，他找了根带子缠在头上，直到第二次昏倒在地。8月21日，当又一次出现滑坡险情后，李向群躲过值班卫生员，偷乘兄弟连队的卡车赶到现场运沙包，并再次昏倒。但是，他不顾身体的劳累，挣扎着爬起来，继续加入筑堤抢险行列，最后口吐鲜血，栽倒在地。8月22日，李向群同志因劳累过度，永远离开了他热爱的部队和可爱的战友。为抗洪救灾，献出了年仅20岁的宝贵生命。

新时代的召唤

我们应该深刻认识到勤俭节约、艰苦奋斗的优良作风不仅是艰苦岁月的需要,在今天全面建设小康社会里仍然十分必要。胡锦涛同志强调指出:“历史和现实都表明,一个没有艰苦奋斗精神作支撑的民族,是难以自立自强的;一个没有艰苦奋斗精神作支撑的民族,是难以发展进步的;一个没有艰苦奋斗精神作支撑的政党,是难以兴旺发达的。”虽然我国已进入全面建设小康社会、推进社会主义现代化又好又快发展的新阶段,但是我们必须看到,我国仍处在社会主义初级阶段,仍是发展中国家,目前的小康还是低水平的,经济社会发展还存在不全面、不协调、不平衡现象。我国人民整体生活水平偏低,部分地区还未摆脱贫困,科技水平仍落后于发达国家,距离真正的国富民强还有很大的距离,还有很长的路要走,还需要进行长时期的艰苦奋斗。

在国际社会复杂多变、经济全球化、科学技术飞速发展的今天,改革开放日益深入,社会主义市场经济体制不断完善,但是,面临的社会问题也越来越多,西方国家一些腐朽的价值观念给我国带来了更多的价值挑战。社会上,拜金主义、享乐主义盛行,豪华之风、奢靡之风、浪费之风、腐化之风大有蔓延之势。有些地区和部门忘乎所以,花钱如流水,讲排场,比阔气,铺张浪费,大搞所谓“形象工程”、“政绩工程”,劳民伤财,还有一部分党员干部奢靡浪费触目惊心,挥霍公款,吃喝玩乐,往往一掷千金,其“潇洒大方”的“风度”比起款爷来有过之而无不及,各种名义的“培训中心”、“疗养班”以及各地设立的“办事处”也攀比“星级”标准接待来往人员,玩乐的耗费令人吃惊。

穿名牌、吃新奇、借贷消费,是当前年轻人的一种消费时尚。互联网的各大论坛上,不少人也乐此不疲地议论谁的生活方式更“贵族”,谁的消费品更“有档次”。近年来,中国奢侈品消费的增长速度是GDP增速的两倍左右。人均收入不及美国1/14的中国,占世界奢侈品消费额的1/4。据2012年2月2日《新京报》报道称,世界奢侈品协会发布的最新数据显示,2011年春节期间,中国人在境外奢侈品消费累计达72亿美元,同比增长28.57%,远高于年前预期的57亿美元,创下历史新高。为此,作为发展中国家,我们必须深刻认识、高度重视奢侈性消费的反向示范作用对社会价值导向造成的危害。

上述这些贪图享受、奢侈挥霍、骄奢淫逸的现象,值得每一个人深思。所以,党中央适时提出“以艰苦奋斗为荣,以骄奢淫逸为耻”的社会主义荣辱观，将其作为当前公民道德建设的新标杆，对于指导人们发扬艰苦奋斗的优良传统、摒弃奢侈淫逸的腐化作风，有效净化社会风气，具有重要的指导意义。

扬帆远航展未来

即使将来我们的生活水平提高了，国家发展了，也决不能消费无度，物欲膨胀不仅容易助长不正之风的蔓延，也极易导致精神的颓靡。

"历览前贤国与家，成由勤俭败由奢。"无数事实证明，始终保持艰苦奋斗的优良作风，必然有助于事业的兴旺发达，奢侈浪费必然导致事业的衰败没落。古往今来，因成绩而滋长骄傲自满，由舒适而滋生享乐奢靡，忘乎所以，玩物丧志，遭受挫折乃至灭亡的事例不胜枚举。古人告诫我们："创业难，守成更难。"创业固然艰难，但大家同舟共济，同甘共苦，就会得民心、得天下，到了巩固江山的时候，各式各样的"糖衣炮弹"便会从不同的方向向我们袭来。以史为鉴，艰苦奋斗，是我们的必然选择。中国共产党人必须起模范带头作用，反对骄奢淫逸，保持艰苦奋斗的作风，抵制各种"糖衣炮弹"的袭击，带领全国人民完成民族复兴的伟业。所以，艰苦奋斗精神作为创业之基、强业之路、兴业之本，无论是过去、现在还是将来，都是我们共产党人应该保持和发扬的优良传统和崇高品质，它最能体现中国共产党人的战斗风格和思想情操，是我们的事业获得成功的保证，是我们的革命和建设夺取胜利的法宝。

阅读材料

前车之鉴须引以为戒

商纣王酒池肉林，为博宠妃妲己一笑，不惜撕破千绢万帛，结果招致殷朝灭。

隋炀帝为观琼花修大运河到江都，耗尽民脂民膏造行宫，惹出三十六路烟尘、七十二家反兵，最后江山易手。

唐玄宗天宝年间不理朝政，终日与杨贵妃寻欢作乐，导致安史之乱爆发，"盛唐气象"灰飞烟灭。

明朝末年的农民起义军领袖李自成被当时的老百姓称为

"李闯王",然而,农民军将领进城以后骄傲自满,享乐成风,丧失民心,不到半年就被入关的清兵赶出北京城,大败而去。

清兵入关以后,他们的子孙因袭祖宗的"荣耀",坐享先辈福泽,一些人特别会享乐,玩票、赌博、斗蟋蟀、坐茶馆,干尽吃喝玩乐的勾当,导致曾经英勇的八旗子弟走上不可避免的衰落之路。

我们只有一个地球,资源、能源是有限的,今天的地球,是经过35亿年的进化形成的产物,人类不可能再用另一个35亿年去再造地球的资源。骄奢淫逸,过度消费将加速透支不可再生的自然资源,所以,保持艰苦奋斗作风,厉行节约,是保护我们赖以生存的地球家园的必然要求。另外,即使经济发展了,社会仍然存在贫富差距,部分人群与相对低收入阶层的鸿沟越来越大,将为引发严重社会矛盾埋下祸根,如果一部分人暴殄天物,疯狂地进行炫耀性、奢侈性消费,而另一部分人温饱问题都难以解决,那么,这种巨大的消费反差,不仅会使低收入和贫困群体产生强烈的不公平感和愤怒情绪,由此可能导致他们当中的一部分人采取极端行动,致使社会不稳定、不和谐程度进一步加剧。

我们努力提高人民的生活水平,但不提倡奢侈消费。相反,我们应该崇尚勤俭生活,鼓励适度消费。所以,建设节约型社会不仅体现在大项目上,也与每个人的日常生活息息相关。只有从我做起,从每一笔日常消费做起,才能在全社会形成文明节俭的消费风气,弘扬艰苦奋斗的优良传统,促进节约型社会建设。

激浊扬清,两个务必

艰苦朴素,克勤克俭

我们始终不能忘却艰苦奋斗的精神作风,我们必须时刻学习和自我教育,保持艰苦朴素、克勤克俭的生活习惯和优良作风。

邓小平同志在建国之初就一针见血地指出:"我们最大的失误是在教育方面,思想政治工作薄弱了","最重要的一条是,在经济得到可喜发展、人民生活水平得到改善的情况下,没有告诉人民,包括共产党员在内,应该保持艰苦奋斗的传统。坚持这个传统,才能抗住腐败现象。"邓小平同志在这里所讲的教育，不仅是指党组织对党员的教育，同时也包括党员的自我教育。近几年来，在党员干部中出现不思进取、作风漂浮、安于现状、好大喜功、以权谋私、弄虚作假、欺上瞒下、贪图享受、奢侈浪费等不良风气，很重要的原因，就是这些人忘记了我们党艰苦奋斗的优良传统，忘记了党的光荣使命和优良作风的基本要求，看不到坚持和弘扬我们党经过长期革命斗争实践形成的艰苦奋斗精神的极端重要性。

因此，我们一定要加强宣传教育，引导人们认识什么是对的，什么是错的，应该提倡什么，反对什么，逐渐营造以艰苦奋斗为荣，以骄奢淫逸为耻的社会氛围。要形成全社会尊重、赞扬、传颂艰苦奋斗、勤俭节约、励精图治、一心为民的人和事，要鄙视、反对、遏制骄奢淫逸、铺张浪费、一心为己的不良风气。新闻工作者和文化宣传部门要把镜头对准刻苦攻关的科技工作者、一线生产工人和劳动群众等依靠自己的双手建设幸福家园的广大劳动者，在全社会营造出一种积极向上、勤俭创业、艰苦奋斗的氛围，让广大人民群众从先进典型事例中得到启发和鼓励，从而帮助全体社会成员树立正确的人生观和价值观。

针对广大党员干部，要在开展教育的基础上，要求他们积极加强自我教育，充分认识坚持并弘扬艰苦奋斗、艰苦创业光荣传统及其优良作风的重要性和必要性，自觉保持艰苦奋斗、艰苦创业的优良传统，做到吃苦在前，享受在后，“先天下之忧而忧，后天下之乐而乐”。只有这样，全党同志才能在日益复杂的国内外环境中保持清醒的头脑，才能保持蓬勃朝气、昂扬锐气和浩然正气，才能实现历代共产党人为之奋斗的光荣事业。

奋发进取，勇往直前

始终保持艰苦奋斗精神，不能停留在思想和认识的层面，还必须做到将艰苦奋斗精神全面落实到人民大众中和党员干部队伍中，这对我们提出了更高的要求。

将艰苦奋斗的精神落到实处要求我们必须奋发进取，勇往直前，深入实践，发扬奋发向上的创业精神。个人要时刻保持积极向上的态度，正确对待前进中的困难，努力培养积极向上、锐意进取、勇往直前的意志品质，在全社会形成良好的风尚和氛围，人人争优，积极向上。张海迪等模范人物就用他们的成功告诉我们：即使是最平凡的人，也能够凭借艰苦奋斗谱就震撼世人的绝唱。

领导干部必须保持蓬勃朝气、昂扬锐气、浩然正气这一精神状态，认清党和人民赋予的历史使命，坚定革命事业心和使命感，保持革命战争年代的精气神和奋发图强的精神，克服安于现状，不思进取，守摊子，混日子的思想，尽心尽职地抓好各项工作的落实。要深入基层，调查研究，认真探索新时期经济社会发展的特点和规律，不断增强工作的针对性、预见性和创造性。始终坚持党的群众路线，关心群众疾苦，为群众办实事，办好事，全心全意为人民服务，不断增进党同人民群众的深厚感情。在新时期"创先争优"实践活动中奋发进取，勇往直前，在与人民群众共同实践活动中汲取有益的营养，丰富、充实和提高自己，增长才干，不断发现和克服自己的不足，使自己的思想品德达到新的境界。只有这样，才能真正做到"权为民所用，情为民所系，利为民所谋"。

反对奢侈浮华、铺张浪费

生活讲求品质无可厚非，但讲求品质并不意味着骄奢淫逸。发生在我们身边的奢侈浪费事件，俯拾皆是，举不胜举。一些地方政府不顾实际，兴建豪华办公大楼；一些官员以考察为名行旅游享乐之实；一些商家不时炒作价格奇高的天价宴席，这些奢侈浪费的行为严重败坏了党风、政风，污染了社会风气。如在校园建设过程中，出现了学校间互相攀比，超标准、超规模的建校之风，我们必须坚决予以反对和禁止。另外，落后、愚昧、无知、不文明、不卫生的消费习惯仍大量存在，诸如吸烟、酗酒、赌博、吸毒，婚丧嫁娶大操大办、修陵墓、造庙宇、看风水、算命占卦、大吃大喝等，既有害于身体健康，又浪费钱财，还破坏社会风气。我们必须克服这种不文明、不健康、不科学的消费习惯，大力提倡适度消费，反对铺张浪费，做到科学消费。

所以国家在进行教育的同时必须建立相关制度约束和法律体系，用强制力加以禁止和监督。所以，抵制骄奢淫逸，反对铺张浪费，不能仅停留在一般口号上，还要制定一些必要的政策和法律规定，进一步完善违法违纪行为惩处制度，促进依纪依法查办案件，有效推进各方面工作。以《中国共产党党员领导干部廉洁从政若干准则》、《关于实行党政领导干部问责的暂行规定》、《党政领导干部选拔任用工作责任追究办法（试行)》、《关于领导干部报告个人有关事项的规定》等为主的规章制度已经建立,以法纪刚性约束为主,预防惩治腐败、反对铺张浪费的大网已经铺开,重点在于坚决落实,认真执行。

在反腐倡廉方面,我们应加强反腐倡廉长效机制建设,建立健全有效运行的工作机制,确保组织领导、责任分解、责任考核、责任追究和奖惩兑现落实到位,综合运用纪律处分和组织处理两种手段,维护责任制的严肃性,将责任分解,明确各部门、各级领导的责任,实行责任追究。各地也要层层签定责任书,将责任落实到具体人,形成责任链条,做到层层有目标,级级有任务,推动各项工作的顺利完成。

阅读材料

反对铺张浪费

2009年2月,中办、国办发出通知,要求各级党政机关厉行节约,反对铺张浪费。通知对各级党政机关重申和提出了八条要求:一是严禁以各种名义用公款出国(境)旅游;二是严格公务用车配备使用管理;三是严格控制公务接待费用支出;四是严禁领导干部在参加会议、学习、培训期间用公款相互宴请和以同乡会、校友会、战友会等各种联谊活动名义用公款请客送礼,对违规者要严肃处理,所花费用由参与者自负;五是严格控制各种庆典、节会、论坛等活动,经批准举办的要从严控制规模和经费支出;六是严格控制党政机关办公楼等楼堂馆所建设;七是严格控制一般性支出,认真落实中央提出的有关费用实行零增长的要求,严格预算支出管理,降低行政运行成本;八是严禁党政机关以各种名义向企事业单位转嫁、摊派和报销费用。

总之,树立"以艰苦奋斗为荣,以骄奢淫逸为耻"的社会主义荣辱观,是我们党和国家健康发展的根本保证,是百年大计,千年大计。为此,必须切实做好加强党风廉政建设和反腐败、反浪费的各项工作,戒骄戒躁,"务必使同志们继续地保持谦虚、谨慎、不骄、不躁的作风,务必使同志们继续地保持艰苦奋斗的作风”。不论过去、现在还是将来,艰苦奋斗、勤俭节约一直是国之大脉、家之根基,全体党员必须从思想上永远保持纯洁性和先进性,为中华民族伟大复兴贡献出自己的力量。

争当社会新公民
——社会主义荣辱观的内化与落实

龙的传人，让心飞翔

一个伟大的民族，必定拥有伟大的信念、远大的抱负和博大的胸怀，必定拥有坚定的步伐、坚韧的意志和高尚的道德，也必定拥有开世界风气之先、享世界风尚之气的时代品格。中华民族历史上的辉煌已然过去，但龙的精神依然不倒，龙的志向依然远大。历经苦难的中华民族正在民族复兴的道路上胜利前进，我们已经充分认识到仅仅拥有庞大的经济总量是无法满足人们精神需求的，仅仅拥有数万公里的铁路与公路也是无法帮助人们到达胜利的彼岸的，仅仅拥有数百米高的摩天大厦也是无法帮助人们抵达心灵的“天堂世界”的。所以，我们需要民族精神的弘扬、需要民族文化的滋养、需要公正清明的伦理生活秩序的规范，更需要一个知荣明耻晓大义的社会主义新公民群体。惟有如此，我们的社会才能避免病态的“异化”，才能赢得世界其他民族的尊重，才能传承古老的文明，才能生机勃勃，昂首走向明天与未来。

龙的传人，让心飞翔。为了保持中华民族优秀的民族特质，增强我国的文化软实力，有必要科学分析，正确看待，继承、引进中国古代及西方世界的优秀伦理道德精华，按照“古为今用，洋为中用”、去粗取精、去伪存真、综合创新的原则，弘扬社会主义荣辱观。

坚守民族好传统

打开数千年的民族史册,随处可见历史上无数先进人物可歌可泣的感人故事,虽然历经千百年的风雨,但历史永远不会忘记他们的无私奉献,一代代炎黄子孙也在永远学习和敬重他们爱国、仁义、公正、廉洁、"为天地立心,为生民立命,为往世继绝学,为万世开太平"的高尚品格。站在新世纪的起跑线上,中华民族能否走出历史低谷,与世界其他优秀民族一道,再造民族历史的辉煌,取决于当代国民整体素质,取决于当代国民能否以健康的人格与人文素养面对瞬息万变和纷繁复杂的外在世界,按照"八荣八耻"的要求,树立培养正确的社会主义荣辱观在当下显得格外重要和紧迫。为此,必须确立几项原则,以求社会主义荣辱观能够真正起到应有的作用。

"古为今用"是重点。一个民族能否具有强大的生命力取决于民族优秀文化的传承。如果她能够保持优秀文化随着时代步伐的前进而前进,那么我们就说这个民族和这种文化都具有与时俱进的能力和品质,换句话说,这个民族也是一个不断解放思想、实事求是的民族。中国五千年文明史已经证明了中华民族具有这种文化传承能力和与时俱进的精神,也具备在已有基础上开拓的创新能力。那么,就此意义上来说,当今国人应该就中国目前出现的伦理道德修养滑坡问题主动借鉴古人的优良传统,从先贤们的系列思想中挖掘有利于当今社会伦理道德思想体系发育、发展的积极因素。

"以热爱祖国为荣"要求我们应该秉承"国而忘家,公而忘私,利不苟就,害不苟去,惟义所在"的精神,以民族大义为重,"位卑未敢忘忧国",尽匹夫之责,行天下大义,视祖国的利益高于一切,捍卫民族尊严。"以服务人民为荣"要求共产党员尤其是各级领导干部以身作则,学习古代士人"恤民"、为民的民本思想,理解"足寒伤心,民寒伤国","善为政者,视民如子"的深刻内涵,坚持立党为公,执政为民,做好人民勤务员。"以崇尚科学为荣"要求学习古人"敏而好学,不耻下问"的品质,"博学笃志,切问近思",学习先进科学文化知识,提升科学素养,形成科学、文明、健康的生活方式,以每个人的学习带动社会整体的进步。"以辛勤劳动为荣"则是对每一个社会主义建设者的要求。中国自古讲勤劳,家之兴衰,人之穷通，取决于一家之主或者一国之民勤劳与否。“不勤不俭，无以为人上也”，社会主义建设要靠千千万万普通劳动者齐心协力，幸福美好的生活要靠我们的双手和辛勤的劳动去创造。“以团结互助为荣”是对古人“贵和”“乐群”思想的发扬，“君子和而不同，小人同而不和”，当代社会讲求个人利益的维护，但也没有忽视集体主义精神，人们只有和衷共济才能战胜困难，否则就会遇到更多的挫折。“以诚实守信为荣”是各行各业、各色人等生存发展的基本处事原则。“自古皆有死，民无信不立”，“信而又信，谁人不亲”？社会主义市场经济条件下，对人的诚信品质要求更高，否则就会使他人利益受损，社会风气败坏，人心涣散。“以遵纪守法为荣”是建设社会主义法治国家的必然要求，古人强调无规矩不成方圆，建设法治国家是文明社会发展的方向，学法、知法、守法、用法，依法维护自身权利和履行义务是当代国民必须具备的基本素质。“以艰苦奋斗为荣”是中华民族不变的本色，虽然国家各方面进步了，生活富裕了，但应始终牢记“民生在勤，勤则不匮”，“每一食，便念稼穑之艰难；每一衣，则思纺织之辛苦”，拒绝奢侈浪费、贪图享受的腐化堕落行为。

去伪存真是关键。中华民族传统道德体系中既有人民的、进步的、民主的精华，也有维护封建传统等级制度和纲常礼教的糟粕。所以，全面继承或者全盘否定都不是正确科学的态度。“批判继承”作为总的原则要求有选择、有目的地继承有益于当代社会发展的精华，辅之以符合当代社会文明发展的基本要素，综合创新，从而形成符合时代要求的伦理道德思想体系，最终将传统荣辱观转化为社会主义和共产主义道德的一个有机组成部分。比如，爱国主义内涵丰富，忠于祖国、热爱家乡、热爱人民，维护国家主权独立和完整是我国的“国魂”，但也反对“愚忠”式的“忠君”思想，因为它不符合当代社会民主法治的发展要求和前进方向。社会主义市场经济条件下强调遵纪守法，讲求维护社会与家庭秩序的平稳、和谐，但不能因此宣扬封建传统中“男尊女卑”、“三纲五常”式的礼教法度，而应该用社会主义法制文明来规范现代公民的权利、义务。古代讲平等，称“王子犯法，与庶民同罪”，但是也要看到其本质是封建等级秩序下的“平等”，而现代文明所提倡的是人人平等，强调人的权利的维护和对人的权利的尊重。人人爱我，我爱人人，互帮互助是出于人格的平等和制度的保障，完全不同于封建等级秩序下的“仁爱”思想。所以，对于传统道德观,我们必须看到它的局限性,不能笼而统之地接受和发扬,否则会给当代社会价值观带来不利影响。当然,由于历史发展的惯性作用,尤其对中国这个拥有两千多年封建历史的古老民族来说,短时间内完全在民众心中消除某些封建思想遗毒还是比较困难的。但必须坚信中华民族的精神品质,相信在不久的将来,我们一定会实现自我的涅槃。

找到时代新定位

近几年来,各省、自治区、直辖市及部分地方根据中央号召,作为践行社会主义核心价值体系的一部分,结合自身实际,先后提出具有鲜明地方特色,充分反映各地区人民群众精神风貌的地方“精神”。北京市根据市民投票在2011年11月确定“爱国、创新、包容、厚德”为“北京精神”,其中“爱国”是核心,“创新”是精髓,“包容”是特征,“厚德”是品质。“北京精神” 是首都人民在社会主义建设实践过程中所形成的精神财富的概括和总结,既体现了社会主义核心价值体系的要求,又体现了首都历史文化的特征和当代首都人民群众的精神文化追求。江苏省则以“三创三先”表达新世纪江苏儿女的精神风貌。《礼记·中庸》十九章“人一能之,己百之;人十能之,己千之”句,被甘肃化为“人一之,我十之;人十之,我百之”,表达陇原儿女在改革开放新时期敢为人先、开拓创新、艰苦奋斗的理想信念和价值追求。目前,各地区关于各自精神的表述语征集活动还在进行,虽然各有差异,但都符合践行社会主义核心价值体系的要求和民族特色,是新时期我国各族人民精神品质的典型概括,这些精神必将团结亿万龙的传人在民族复兴伟业的实践中拧成一股绳、聚成一团气、走好一条路。

“洋为中用”有必要。借鉴西方文明的精华是开展社会主义荣辱观教育不可缺少的一部分。改革开放不仅仅是在经济领域大胆借鉴西方先进技术和管理方法,同时也要学习西方人的冒险精神,打破农耕文明容易导致人们出现的狭隘思想和按部就班的生活习惯,学习他们在自然科学和社会科学领域的杰出成就,学科学、用科学,善于创新、敢于突破,以大无畏的勇气实现社会的变革。同时,也要学习他们发展市场经济的经验和规则,学习制度为先、以法为基的游戏规则,坚决贯彻依法办事,反对人治,因为制度的完善才是市场经济平稳运行的根本保证。学习他们的诚信精神，建立保证诚信能够融入到每一个人身上的基本制度。在这个信息世界中，只有大胆学习，大胆借鉴一切有利于社会发展的文明成果，才能更好地为社会主义和谐社会建设服务，为民族复兴贡献力量。

去粗取精不能少。西方文明近五百年来逐渐走到世界前列，自有其高于世界其他文明的特殊之处，但是，在其发展过程中也产生了一些违背人类文明伦理价值、阻碍社会进步发展、扰乱社会伦理道德秩序的思想糟粕。比如，无政府主义，无视国家、集体利益的极端个人主义，为获取最大利益而不顾法律和道德规范的恶性竞争行为，以及黄赌毒等危害人民群众生命健康和社会和谐的不良现象，等等。社会主义国家坚决反对此类不顾廉耻的思想和行为，改革开放引进外来事物的时候应该过滤掉这些思想糟粕，当然，此类“苍蝇”、“蚊子”在过去时间中通过各种非法途径已经进入我国，社会风气为此大受影响，与社会主义道德文明标准相去甚远。所以，坚持去粗取精，不惟西方文明马首是瞻，树立民族自信心，胸怀民族自豪感，坚持弘扬社会主义荣辱观，更好地建设社会主义精神文明是当下的必然选择。

美好未来不是梦

弘扬和落实社会主义荣辱观，有效构建社会主义核心价值体系是建设社会主义和谐社会，实现国家富强、民主、文明目标不可或缺的必要条件。因此，提高国民道德素养，形成全社会知荣明耻的道德风尚，是当前社会主义荣辱观建设的主要内容和方向。弘扬社会主义荣辱观，旨在提高国民素质，旨在通过思想道德教育的方法巩固对伟大祖国的认同感，增强国家凝聚力、民族自信心和自豪感，进而提高中华民族的创新力，提升文化软实力，扩大我国在世界上的影响力，并最终为人类文明贡献出最大的智慧和力量。

前进的号角已经吹响，胜利美景就在前方。中华民族能否跟上时代步伐，全靠每一位华夏儿女能否贡献出自己的一份力量。伟大的中国人民在过去五千年的历史长河中奋勇拼搏，依靠全民族的智慧和力量创造了无与伦比的辉煌，身为炎黄子孙，我们有理由相信，在优秀的思想道德传统、先进的道德教育体系、多方力量的支持、自觉的伦理道德培育等因素的共同推动下，我国国民道德素养必将在社会主义大环境下得到快速提升,社会风气也会得到有效改观,从而表现出真正的大国气度和大国风范。只要人人都贡献出一点力,美好未来就不是梦!

传承美德,引领风尚

社会主义荣辱观是社会主义核心价值体系的基础,社会全体成员高尚的思想修养和完善的道德素质是判断社会主义核心价值体系能否确立的标志。以“八荣八耻”为主要内容的社会主义荣辱观与“爱国守法、明礼诚信、团结友善、勤俭自强、敬业奉献”为主要内容的公民基本道德规范,与“五讲四美三热爱”活动的基本要求,与培养有理想、有道德、有文化、有纪律的社会主义公民的精神文明建设指导方针,与加强社会公德、职业道德、家庭美德建设等系列活动是一脉相承而又有所发展的,它继承了中国共产党对社会主义道德规范的认识成果,在已有基础上用更加丰富的思想和内容发展了社会主义道德观。为此,应该通过各种方式方法大力弘扬,使其真正起到社会主义核心价值体系的基础作用。

马克思在《奥古斯都的元首政治应不应当算是罗马国家比较幸福的时代》一文中指出:“风尚纯朴,积极进取,官吏和人民正直的时代是幸福的时代”,“如果一个时代的风尚、自由和优异性受到了损害或者被破坏了,同时,贪得无厌、铺张浪费和荒淫无度充斥泛滥,那么这个时代就不可能称为幸福时代。”由此可见,个体的人文道德素养对一个社会和一个时代的影响和重要性。人们如果无法达到相应的道德水准,那么生活其中的每一个体都将遭受精神的煎熬和折磨,假若形成一个公民道德滑坡→社会风尚受损→人们遭受精神煎熬→社会文明整体倒退→加剧道德滑坡的恶性循环,此等严重后果想来令人不寒而栗。所以,传承民族美德,引领时代风尚,是当代国人的历史责任。

传承民族美德,把弘扬社会主义荣辱观与培育民族精神相结合

中华民族的优秀道德传统大都寓于伟大的民族精神当中。以爱国主义为核心的民族精神具体表现为团结统一、爱好和平、勤劳勇敢、自强不息,它与“八荣八耻”提倡的社会主义荣辱观内在统一,一脉相承。在中华民族悠久的历史长河中,高尚的民族情感、崇高的民族气节、良好的民族礼仪构成了传统美德,体现着中华民族在处理人与自然、人与社会、人与人关系的基本价值,是反映个人自我道德追求的文化精粹,是民族精神的宝贵历史遗产。

中国共产党作为中华民族精神的继承者、弘扬者和培育者，在领导各族人民群众进行新民主主义和社会主义革命及建设的历史征程中，培育出了和正在培育着一系列伟大的民族精神，激励我们在新世纪披荆斩棘，勇往直前。井冈山精神、长征精神、延安精神、抗战精神、西柏坡精神、雷锋精神、"两弹一星"精神、大庆精神、抗洪精神、抗击非典精神、载人航天精神、抗震救灾精神、北京奥运精神等民族精神蕴含着和体现了炎黄子孙的优秀道德和文化素养，社会主义荣辱观蕴含在民族精神的方方面面。今天，展开那辉煌的历史画卷，感悟那些不朽的民族精神，我们看到那里蕴含着中华儿女不畏强暴、不甘屈辱的自强精神；蕴含着中华儿女万众一心、和衷共济的团结精神；蕴含着中华儿女舍生忘死、前仆后继的牺牲精神；蕴含着中华儿女百折不挠、奋斗到底的坚忍精神，这些精神就是中华民族贡献给世界文明的宝贵财富。所以，我们应该在这些伟大的民族精神中学习和弘扬先辈们的爱国主义、集体主义精神，弘扬他们知荣辱、明大义的道德情操，我们更要学习他们为了国家独立、民族解放而艰苦奋斗、前赴后继，纵然牺牲生命也在所不惜；也要学习他们为了国家富强、人民富裕而兢兢业业、不计名利，纵然待遇不公也顾全大局；还要学习他们为了民族复兴、再创辉煌而开拓创新、一往无前，纵然可能失败也鞠躬尽瘁、死而后已。

引领时代风尚，把弘扬社会主义荣辱观与发扬时代精神相结合

社会主义荣辱观教育有效与否，直接与选择什么样的德育载体密切相关。所以，当前阶段，把社会主义荣辱观与改革开放催生出的伟大的时代精神相结合，将是当代中国引领世界文明风尚的最佳机遇和舞台。

三十多年的改革开放实践孕育和形成了以改革创新为核心的伟大时代精神。"解放思想、实事求是、与时俱进的精神极大弘扬，以人为本、尊重科学、崇尚和谐的观念牢固树立，诚实守信、团结友爱、互助奉献的风尚日益浓厚，民主法治、自由平等、公平正义的理念深入人心，效率意识、竞争意识、开放意识不断增强。这一切，体现了时代精神的丰富内涵，反映了当代中国人民紧跟时代、振兴中华的精神风貌的主流。"以"八荣八耻"为主要内容的社会主义荣辱观与改革创新为核心的时代精神同源一体，换句话说，改革开放的社会实践催生了时代精神，时代精神蕴涵着中国人的时代品格和道德风尚。所以，当代国人的道德风貌主要体现在时代精神的继承、培育和不断发展过程中。虽然当前在一些行业和部分群体中间出现了一些道德滑坡事件，但主流是好的，社会主义精神文明建设的大方向没有变，总体上仍然呈现上升态势，这是由时代决定的，是按照时代的要求而进行的伟大的社会实践决定的。

所以，我们需要把荣辱观建设与弘扬时代精神有机结合起来，互助互推，共同进步，居安思危，坚定不移地解放思想、奋发图强、科学发展、锐意进取，以国家、人民利益为重，在弘扬时代精神的同时，推动社会主义荣辱观建设，从而引领时代风尚，为民族复兴贡献更多的力量。

感动自己，感动中国

"这是心的呼唤，这是爱的奉献，这是人间的春风，这是生命的源泉，……只要人人都献出一点爱，世界将变成美好的人间……"。上世纪八九十年代的这首《爱的奉献》不止感动了一代中国人，也给我们留下了一段美好的回忆。优美的歌声、动人的旋律是对社会主义大家庭人间真情的赞美和呼唤，是对民族"仁爱"思想在伟大时代的经典诠释。当前，在国家间竞争日趋激烈的条件下，国民素养、社会风尚、文化影响力等各种"软实力"越来越成为衡量一个国家的文明程度和是否具有世界影响力的重要指标，我们迫切需要这种精神文明主旋律给我们前进的力量。所以，只有弘扬和践行社会主义荣辱观，从我做起，从点滴小事做起，竭尽所能为共同推动社会风气的好转与提高，为共同促进全民族道德素质的提升，献出自己的一点爱，感动自己，感动中国，世界就会变成美好的人间。

当然，社会有分工，职位有差别，每一个人的荣辱观念由于受到其生活环境的影响，荣辱、是非、善恶等观念就会存在不同程度的差别。但爱无止境，只要每一个人心存善念，懂得感恩，就会对社会、国家、民族、家庭以及身边的人产生积极的影响。"积小流以成江海"，这种精神就会成为影响时代的力量，成为推动社会前进的动力。

美国著名的民权领袖马丁·路德·金曾说："一个国家的繁荣，不取决于它的国库之殷实，不取决于它的城堡之坚固，也不取决于它的公共设施之华丽；而在于它的公民的文明素养，即在于人们所受的教育、人们的远见卓识和品格的高下,这才是真正的利害所在,真正的力量所在。"就像徐虎、郭明义、李素丽、白芳礼、杨善洲等一大批时代精英大都不是位高权重者,也不是家财万贯者,而是和我们一样的普通劳动者,但正是他们显示了我国国民的力量所在。这些普通劳动者没有宏大的理论,没有响亮的誓言,支撑这些好人默默付出的不是社会的好评或政府的奖励,也不是出于所谓的"炒作"自己,获得鲜花与掌声,而仅仅只是内心珍藏的那份人间大爱。他们几十年如一日的付出和坚守,要么只是"图个心安",要么仅仅为了一句诺言。作为一个普通人,他们用行动诠释了什么是心灵的高贵和美好,他们代表着我们这个伟大时代的伟大精神,小爱做到极致就是人间大爱,因为感动自己,所以他们感动了中国。

生活离不开关爱,社会离不开温暖,就像花草离不开雨露,万物离不开阳光。人作为单独的个体,若想实现生存、生活、生命乃至人生的意义,孤独地前行无法实现心中的梦想。我们需要祖国的繁盛、社会的安定、人与人之间的和谐、邻里之间的关爱、亲朋好友的鼓励、事业伙伴的帮助以及那来自陌生人的微笑。当我们生活的环境因为有了这些"阳光的照耀",即使在暴风雨中前行也会感到无比温暖。人生处处是春天,繁花似锦的彼岸离我们不再遥远。因此,我们会在失败中选择坚强,孤独时感受力量,强大时给予他人帮助。人与人从此不再陌生,心与心从此没有距离。我们对社会、对国家、对他人、对自己的那份爱与感动,那份默默的坚守与付出、那份小小的帮助和支持,就像春天里的嫩芽,必将长成知荣明耻的参天大树,给我们美丽的家园带来阴凉。

后 记

荣辱观是人们在依据一定的思想道德标准进行自我评价和社会评价活动中逐渐形成的关于荣辱观念的总和。以“八荣八耻”为主要内容的社会主义荣辱观,是引领当代社会风尚的光辉旗帜。在新的历史条件下,树立社会主义荣辱观,是贯彻落实科学发展观、构建社会主义和谐社会的客观要求,是形成良好社会风尚的迫切需要,是培育新时代社会主义“四有”新人的根本要求。作为社会主义核心价值体系普及读本丛书的一部分,本书结合历年来党中央关于社会主义荣辱观论述的文献资料,合理借鉴学术界已有的理论成果,以“社会主义荣辱观是当代中国的基本价值取向和行为准则”为主题,以“知荣明耻树新风”为目标,在对社会主义荣辱观进行总括性介绍和宣讲的过程中,力求阐明什么是社会主义荣辱观、为什么要大力弘扬社会主义荣辱观、怎么样弘扬社会主义荣辱观等重大问题。

弘扬社会主义荣辱观重在对人民群众思想观念的培育和引导,为此必须做好理论宣传和普及工作,为学习和践行提供优质的基础服务。本书作为国家社科基金重点项目“社会主义价值与社会主义核心价值体系的内在关联研究”(项目批准号:12AKS005)和中央高校基本科研业务费专项资金项目“社会核心价值体系与文化软实力发展研究”(项目批准号:11LZUJBWZJ002)的阶段性研究成果,力图对当前宣传和普及社会主义荣辱观作出积极的、富有创新性的探索和尝试。因此,全书在科学、严谨地阐述社会主义荣辱观基本理论的基础上,为了扩大读者群,照顾各类学习者的实际,以较为简洁的文笔、生动的语言和丰富的案例,在内容编排和版面设计方面增强了读本的可读性和趣味性，旨在通过形式和内容的改变扩大社会主义荣辱观的影响力和宣传度，激发理论研究者、企事业单位职工和广大人民群众的阅读热情和阅读动力，以切实提高宣传和普及社会主义荣辱观的实际效果。

本书是集体劳动的结晶，编写组成员多次集中讨论，制定了本书的基本内容、主要范围和编写风格。主编马云志教授主持讨论并确定了本书的编写大纲和内容框架，指导了本书的具体撰写和修订过程，并对全书进行统一审稿和定稿工作；刘华荣博士参与了本书的大纲制定、章节修订、内容编写和全书审改及统稿工作，实际上起到了一个副主编的作用。刘繁荣、董晓莉、庞卫华、段玲、王纯静、曹蕾、林贞等参与了资料整理和章节的编写工作。

在编写过程中，丛书编写委员会的各位专家就本书的编写工作遇到的困难提出了许多宝贵的建设性意见和建议，兰州大学出版社社长崔明对本书编写给予了全过程的重点关注和精心指导。

同时，本书参考了学术界和新闻界大量已有的珍贵研究成果和原始资料文献，限于内容结构和编写形式，未能一一说明，在此谨向本书借鉴和参考的各类著作和文章的作者们一并表示感谢！

由于本书写作时间仓促，加之笔者水平有限，书中难免有不妥之处，恳请读者朋友提出宝贵意见。

本书编写组

二〇一二年十月于兰州大学